公共债务激增及宏观经济效应研究

刘志新 任心原 ◎ 著

中国财经出版传媒集团
中国财政经济出版社
·北 京·

图书在版编目（CIP）数据

公共债务激增及宏观经济效应研究/刘志新，任心原著. --北京：中国财政经济出版社，2024.7
ISBN 978-7-5223-3315-1

Ⅰ. F812.5

中国国家版本馆 CIP 数据核字第 2024MJ9021 号

责任编辑：李肇晗　　责任校对：徐艳丽
封面设计：陈宇琰　　责任印制：史大鹏

公共债务激增及宏观经济效应研究
GONGGONG ZHAIWU JIZENG JI HONGGUAN JINGJI XIAOYING YANJIU
中国财政经济出版社 出版
URL：http：//www.cfeph.cn
E-mail：cfeph@cfeph.cn

社址：北京市海淀区阜成路甲 28 号　邮政编码：100142
营销中心电话：010-88191522
天猫网店：中国财政经济出版社旗舰店
网址：https：//zgczjjcbs.tmall.com
中煤（北京）印务有限公司印刷　各地新华书店经销
成品尺寸：170mm×240mm　16 开　13.25 印张　190 000 字
2024 年 7 月第 1 版　2024 年 7 月北京第 1 次印刷
定价：65.00 元
ISBN 978-7-5223-3315-1
（图书出现印装问题，本社负责调换，电话：010-88190548）
本社质量投诉电话：010-88190744
打击盗版举报热线：010-88191661　QQ：2242791300

前　言

发行公共债务作为政府的一种重要财政政策，是政府筹集财政资金、维持财政收支平衡和可持续性的重要手段。2020 年新冠疫情暴发后，世界主要经济体纷纷出台大规模财政刺激政策以激励经济复苏，这进一步导致了公共债务的激增，全球公共债务在疫情期间达到了空前规模。扩张性的财政政策实施付出了巨额的债务成本，却未能取得预期的经济效果。从全球范围来看，公共债务激增并没能将经济带出衰退的深渊，反而使部分经济体陷入财政困境，且隐隐有形成主权债务危机的迹象。激增的公共债务对经济是否有益，引起学者和政策制定者的广泛关注。

以往的研究更多地关注公共债务的长期不可持续问题，认为限制政府的债务上限是保障公共债务长期可持续的关键。而新冠疫情带来的一场全球性的实验却向众人证明了，公共债务激增导致的短期财政失衡同样值得关注，甚至可能更加重要。其造成的公共债务短期不可持续可能是导致经济恢复缓慢的重要原因。鉴于此，本书在梳理现有公共债务理论的基础上，开展了一系列关于公共债务激增的研究讨论，力图回答"公共债务激增是什么""导致公共债务激增的主要驱动因素是什么""公共债务激增对宏观经济的影响是什么""公共债务激增对金融稳定性的影响是什么""如何应对公共债务激增"等理论和实践问题。具体来说，本书的主要研究工作如下：

第一，引入流量识别法作为公共债务激增的测度方法，构建了一个涵盖 86 个主要经济体自 1951 年到 2021 年的公共债务激增事件数据库。通过对公共债务激增事件的统计分析，验证了公共债务激增在全球范围内的普遍性。研究发现，公共债务激增常发生在经济衰退期，具有周期性聚集和区域性聚集的特点，与财政扩张和经济衰退高度相关。

第二，研究公共债务激增的主要驱动因素。基于公共债务动态分解方法，对比分析公共债务变动在激增期与非激增期的动态差异。研究发现公共债务在激增期间的主要驱动因素是财政收支平衡由财政盈余向财政赤字的转变，以及债务存量流量调整的大幅增长。财政盈余向财政赤字的转变是由于激增期间税收的大幅减少和财政消费支出、医疗支出的大幅增加。债务存量流量调整的增加则是由于激增期间大量或有债务的发生。

第三，研究公共债务激增的典型案例中，经济背景与政策背景差异的影响。以 2000 年以来最为典型的两次公共债务激增为例：2008 年全球金融危机导致的公共债务激增和 2019 年底暴发新冠疫情导致的公共债务激增，对比分析了两次公共债务激增的经济背景差异，以及以美国政府和中国政府为例，对比分析了两次公共债务激增期间两国政府的财政政策和货币政策差异，以进一步从政策角度讨论公共债务激增在不同背景下的影响差异。

第四，研究公共债务激增对宏观经济衰退期与扩张期影响。构建了基于局部投影法的脉冲响应分析模型，研究发现公共债务激增在衰退初期可以缓解经济衰退，但长期会导致政府财政不可持续，进而延缓经济复苏；而在扩张期，其对经济增长的助推作用微弱。公共债务积压会约束政府财政空间，制约财政调节能力，此时如果继续大幅举债，会进一步恶化财政状况，导致更深程度的经济衰退。

第五，研究公共债务激增在经济衰退期对金融稳定性的影响。沿用局部投影方法，对公共债务激增在经济衰退期对金融稳定性的影响进行了分析。研究发现公共债务激增对狭义的金融稳定性，即银行业稳定性的影响是双向的，既会因对私人信贷的挤出效应而抑制银行业的营利能力，削弱银行系统的稳定性，又会通过支持政府开展更多的针对银行业的纾困来增强银行系统的风险抵御能力，从而增强银行系统的稳定性。而对于广义的金融稳定性而言，公共债务激增的发生进一步破坏了宏观经济、家庭消费和对外部门的稳定性。

第六，研究公共债务激增与金融危机和财政危机之间的潜在关联。通过构建基于固定效应面板 Logit 回归的危机预警模型，引入公共债务激增作为关键变量，定量评估了其对各类危机发生概率的具体影响。研究发现：对于银行业危机，公共债务激增的发生并未显著增加危机发生概率，这是由于在政府债务融资支持下实施的大量银行业纾困政策阻断了风险向银行业的传递。对于货币危机，公共债务激增的发生显著增加了危机发生概率。平稳可持续的发债策略，灵活有弹性的货币政策与汇率制度，是避免货币危机发生的关键。对于主权债务危机和财政危机，债务存量和债务激增都是有效预警指标，高负债率国家需避免公共债务激增，适时适度开展财政整顿。

第七，研究公共债务激增后的最优财政应对策略。以中国为例，结合中国财政“四本账”的结构特点，构建具有中国特色的动态可计算一般均衡模型。通过模拟基于收入端和支出端的财政整顿以及混合整顿策略，对其经济效应做出评估。研究发现，财政整顿的成功需要付出一定程度的经济代价。与政府财政支出密切相关的产业部门承受着更大的整顿压力，由于其负外部性较低，这使得基于支出削减的整顿措施在成本方面相比收入端整顿更具优势。中国的社会保障体系发挥了良好的“自动稳定器”作用，在财政整顿期间减轻了对家庭部门的影响。兼顾收入和支出的混合整顿策略平衡了经济发展和产业结构之间的矛盾，在保护产业结构的同时，可以以较小的经济代价完成整顿目标。

总体而言，本书围绕着公共债务激增这一主题展开，从认识公共债务激增，到了解公共债务激增，再到应对公共债务激增，全方位多角度地对公共债务激增展开讨论，揭示了公共债务的激增及其宏观经济影响，突出了公共债务激增带来的潜在风险和挑战。研究结果强调了审慎财政政策、有效债务管理和及时财政整顿对于缓解公共债务激增带来的负面影响的重要性。政策制定者需要在“稳定”和“增长”之间寻找平衡，在促进经济复苏的同时，确保长期的财政稳定和公共债务可持续性。

目　　录

第1章

绪　论

1.1　什么是公共债务激增

现有文献对公共债务的研究和讨论多聚焦在公共债务的经济效应和可持续性方面，对公共债务激增的关注较少。因此，对于公共债务激增，尚未形成公认或权威的定义。欧洲共同体曾在1991年签署的《马斯特里赫特条约》（又称《欧洲联盟条约》）中对成员国政府的财政赤字率水平做出了约束，设定了财政赤字需控制在GDP的3%以下的警戒线。由于大多数国家常采用发行公共债务的方式来弥补财政赤字，因此，现有研究中一些学者会将GDP的3%作为财政赤字或公共债务增速的预警线，当公共债务增速超过GDP的3%时，则认为发生了公共债务激增。但这一标准在许多新兴发展中国家并不被认可。与欧洲共同体中的发达国家成员国不同，发展中国家正处于经济增长的快速发展阶段。大量研究表明新兴发展中国家的财政乘数远高于发达国家，依托于公共债务融资支持的财政支出是发展中国家带动经济发展的重要手段。公共债务增速大于 GDP 的 3% 是大部分发展中国家的常态。因此，本研究认为公共债务激增的定义，应当考虑国别的差异，不应该是一个简单的界限。

本研究探讨的公共债务激增是公共债务历史变动过程中的一种状态，需要将其与公共债务的减少和稳定增长进行明确区分。这种激增同时也代表了政府财政状况的一种重要转变。政府发债策略的突变，可能引发经济、金融和财政领域的一系列连锁反应，这是本研究关注的重点。因此，本研究借鉴了资本流动研究中对于资本流动激增的定义，将公共债务激增明确定义为：当该经济体公共债务负债率的增速相较于近 5 年的平均水平有 2 单位标准差以上的显著提升，则认定该经济体处于公共债务激增状态（本书第 2 章中会详细介绍该公共债务激增的测度方法）。此定义仅限于单个国家内部比较，不涉及不同国家间的比较，以消除因国家发展阶段不同而产生的标准差异。我们重点强调的是公共债务增速相对于其历史增速的变化。

1.2　为什么研究公共债务激增

伴随着新冠疫情的大流行，世界经济被推入了衰退的深渊。各国政府为提振经济采取了大量的货币与财政刺激政策[1]。而这些扩张性的政策背后，是政府发行的巨量公共债务提供的资金支持。全球公共债务负债率在 2020 年达到了创纪录的高点 100.4%[2]，相较于前一年涨幅高达 15.5 个百分点。这一增幅甚至远高于此前 5 年以来公共债务负债率的累积增量（4.0 个百分点），也远高于 2008 年全球金融危机时期（10.7 个百分点）。这意味着全球公共债务正在以一个前所未有的速度激增，一场规模巨大且空前的公共债务浪潮正迅速席卷全球。世界银行在 2022 年发布的《国际债务报告》中表示，在新冠疫情大流行期间，发达经济体和中低收入国家的公共债务都达到了创纪录的水平。对于部分贫穷和脆弱的国家来说，财政和债务的高度脆弱性已经开始破坏宏观经济的稳定[3]。高企的公共债务和持续低迷的经济形势，引发了一场关于持续发债以资助财政扩张的好处与风险的激烈辩论。

首先，我们需要肯定在经济衰退期间公共债务的适度扩张所发挥的积极作用。如国际货币基金组织（International Monetary Fund，IMF）在2021年的《财政监测报告》[4]中指出，“在疫情冲击引发的大衰退面前，如果政府不采取行动，社会和经济后果将是毁灭性的”。大量的研究也已经证实，当衰退来临时，依托于公共债务支持的财政扩张能够有效地保障人民的生命财产安全，稳定就业形势，并成功地避免破产浪潮和金融海啸的发生。特别是在这些借款被精准地投入基础设施、医疗和教育等关键领域，这些领域对于保障经济的稳定和长远的增长具有至关重要的作用。对于发展中经济体，尤其是那些面临重大发展挑战的经济体而言，公共债务的适度积累作为反周期财政政策的一部分，为政府提供了在经济衰退时期提振消费需求和生产活动的有力财政支持。这种策略性的债务积累可以在促进经济增长和社会福祉方面起到积极作用。

然而，这并不意味着我们可以忽视激增的公共债务带来的风险。事实上，大量的研究已经证实，公共债务绝非“免费的午餐”[5]。过度的债务扩张将直接导致沉重的偿债压力。联合国全球危机应对小组发布的题为《债务的世界——全球繁荣的负担日益加重》的报告显示，众多发展中国家因疫情期间的债务激增导致了过高的偿债成本，已经严重挤压了政府用于经济发展的资金空间，使这些国家陷入偿债与发展的两难境地[6]。目前，超过一半的发展中国家将其GDP的1.5%以上和政府收入的6.9%用于支付债务利息，这一比例较过去十年急剧攀升。更为严重的是，债务利息支出超过财政收入10%的国家数量已经从2010年的29个增加到2020年的55个。此外，公共债务的激增还加剧了经济体其他方面的脆弱性。它不仅限制了政府财政刺激的规模和有效性，还制约了私营部门的中期投资能力，从而进一步抑制了经济的长期增长。对于新兴的发展中经济体而言，情况可能更为严峻。由于其经济与金融发展水平的相对落后，债务激增会导致债务展期困难，债务结构也会向更脆弱的依赖短期外债的结构转变。这使得这些国家更容易受到外部冲击的影响，加剧了其经济的不稳定性，甚至可能引发一系列财政危机与金融危机，最终导致经济崩溃，政府破产的悲剧。

以往的经验更多地关注了公共债务的积累，却忽视了对公共债务激增的警惕。这种倾向在那些债务积压尚不严重的经济体中尤为明显，它们在面对经济衰退时，往往会选择激进的财政扩张手段作为首选应对策略。然而，历史的经验教训却告诉我们，审慎的财政举措和温和的债务扩张才是面对衰退时更为可取的选择。正如时任总理李克强在疫情暴发后的答记者问中所强调的："特殊时期要有特殊政策，我们不会'大水漫灌'，而是要'放水养鱼'。没有足够的水，鱼是活不了的。但是如果泛滥了，就会形成泡沫。"① 这一理念不仅表达了对经济复苏与增长的深思熟虑，也凸显了在处理公共债务问题时应有的审慎态度。在新冠疫情的冲击下，中国政府推出了约占 GDP 5% 的一揽子救助计划，并发行了 1 万亿元的抗疫特别国债。与 2008 年全球金融危机期间的"四万亿投资计划"相比，这一刺激政策的力度要小得多。这种有针对性的财政支持不仅在保障民生方面发挥了关键作用，也极大限度地保障了公共债务的可持续性。

为了避免公共债务激增所带来的潜在风险，首先需要深入探究其背后的成因，并全面了解其对宏观经济的多方面影响。只有这样才能更好地制定针对性策略，做到防患于未然。同时，为了应对可能出现的公共债务激增情况，需要提前储备一系列丰富且有效的应对措施，确保在政府被迫大规模举债后，能够迅速响应，以最大限度地减轻债务激增对经济的冲击。本研究以近百个经济体过去半个世纪的公共债务激增事件为研究基础，深入剖析了公共债务激增在不同发展阶段、不同财政状况以及不同国家类别中对宏观经济的差异性影响，并详细探讨了公共债务激增如何加剧财政危机与金融危机风险。就具体问题进行具体分析，以中国为例，对其在公共债务激增后的最优财政整顿策略进行了多情景模拟，提出了一系列切实可行的财政应对措施。这些措施不仅为中国应对公共债务激增提供了科学的理论依据，也为其他面临类似挑战的国家提供了宝贵的案例参考。

---

① 引自2020年"李克强总理出席记者会并回答中外记者提问"实录，参见 http://www.gov.cn/gongbao/content/2020/content_5517496.htm。

第2章

公共债务激增的测度与事件库构建

公共债务作为政府融资的重要手段，是一种强有力的财政政策。公共债务的激增会降低公共债务的可持续性，使政府债务违约风险骤增，是财政脆弱性加剧的关键因素。为了深入研究公共债务激增对宏观经济的影响，我们首先需要准确地识别这一现象。本章主要解决了如何测度公共债务激增的问题，并建立了一个全球公共债务激增事件数据库。这为后续章节探讨公共债务激增的宏观经济效应及其与金融危机、财政危机的联系提供了理论基础和数据支持。本章的主要工作如下：明确了公共债务激增的定义，基于流量识别方法构建了一个简单有效的公共债务激增测度方法；构建了一个覆盖86个主要经济体的公共债务激增事件库；基于对公共债务激增的事件研究，归纳总结公共债务激增事件库的结构特点，为后续章节对公共债务激增的驱动因素及其宏观经济效应的研究提供了理论和数据支撑。

2.1 引言

快速增长的公共债务已经引起了学者们对财政和公共债务可持续性的广泛讨论，因为历史已经证明，即使在利率极低的状态下，公共债务也绝非免费的午餐[5]。财政可持续性理论认为，如果初始公共债务存量小于未来基本财政盈余的贴现值，那么公共债务和财政的可持续性就可以得到保证，即公共债务满足跨期预算约束。然而，该理论主要关注的是公共债务的存量和长期积累的变化趋势，却忽视了公共债务的短期偏离。Bohn 指出，公共债务的短期不可持续性更值得关注，因为长期的公共债务不可持续并不常见[7]。从公共债务的历史来看，它曾多次出现不可持续的情况。那些显而易见的爆发式公共债务动态往往是短暂的，随后的财政调整会使公共债务重新回到可持续发展的轨道，恢复财政和公共债务的长期可持续性。而短期的公共债务激增导致的不可持续，通常是由非常事件（例如战争、饥荒或外部经济冲击）引起的，对它们的研究更具有历史借鉴意义。因此，虽然长期的公共债务可持续性至关重要，但短期内因公共债务激增导致的不可持续性同样值得我们关注。

为了更好地理解公共债务激增对宏观经济的影响，我们首先需要对这一现象进行明确的定义，并找到一种有效的测度方法。在本章中，我们为公共债务激增设定了清晰的定义。经过对比各种测度方法，我们选择了流量识别方法，因为它能准确、简便地确定公共债务激增的起始和结束点。基于此方法，我们构建了一个世界公共债务激增事件库，为后续关于公共债务激增的研究奠定了数据基础。

本章后面的内容安排如下：2.2 节综述了现有文献中对公共债务激增测度的讨论；2.3 节明确了公共债务激增的定义，并对比了不同的激增测度方法，最终选定了流量识别方法作为公共债务激增的测度方法；2.4 节详细介绍了基于流量识别方法构建的世界公共债务激增事件库，为后续章节对公共债务激增的进一步研究提供理论基础；2.5 节为本章小结。

2.2　公共债务激增测度方法研究综述

对于公共债务激增的识别，根据对公共债务激增内涵理解的不同，主要存在两类方法，一类是以单位根检验为基础的检验识别方法，另一类是以事件研究为基础的转折点法。

一部分学者将公共债务激增理解为债务泡沫，即认为公共债务变动过程中存在明显的非线性偏离，则说明出现了公共债务激增。而对于这种债务泡沫的识别，最直接的方法就是单位根检验。传统的单位根检验在早期已被广泛用于分析财政赤字和债务的均值回归行为，旨在检验政府债务泡沫的存在和债务的长期可持续性[8]-[11]。然而，这种方法基于一个严格的线性假设，即财政制度保持长期稳定，这与现实情况通常不符。政府换届以及财政制度的转变在多数国家都是常态[12],[13]，财政制度会随时间而演进，忽略这种演进对财政可持续性的影响似乎不太合理。因此，一系列时变的非线性检验方法逐渐被开发并应用于公共债务可持续性的讨论中。这些方法的非线性结构能够捕捉公共债务增速的前后差异，进而区分可持续与不可持续的债务积累过程。例如，Cipollini 使用了一个包含平稳过渡误差校正的模型[14]，而 Arestis 等人采用了阈值回归模型[15]。尽管方法不同，但都成功地评估了美国的财政可持续性，并能有效区分历史上可持续与不可持续的债务时期。此外，Baharumshah 等人运用马尔可夫区制转换模型来评估马来西亚的债务状况[16]。但这些方法更侧重于描述长期状态的变化，可能与公共债务的短期激增现象不完全契合。直到 Phillips 等人结合滚动检验和 Dickey-Fuller 右侧单位根检验，提出了 Sup ADF 检验、一般化的 Sup ADF（GSADF）检验以及可识别泡沫时点的倒向 Sup ADF（BSADF）检验法，这为识别公共债务的激增现象提供了新的视角[17],[18]。这些方法不仅能检测多次激增，还能精确识别激增的开始和结束时点。随后，Bystrov 等人以及 Esteve 等人也成功地将这些方法应用于公共债务激增的识别[19],[20]。然而，基于单位根检验的激增识别方法存在一个共同的局限性，即对采样窗口长度的过度依赖。尽管这些方法对于判断公共债务序列是否存在激增相对准确且稳定，但在精确识别公共债务激增的起始和结束点方面仍存在挑战。

而另一部分学者将公共债务的激增理解为债务增长方向的转变，Harding 和 Pagan 提出的转折点法适用于这一类公共债务激增的识别，通过对公共债务变化过程中的拐点进行识别，以明确公共债务的增长阶段和衰退阶段[21]。Kob 等人在 2020 年对全球公共债务浪潮的研究中首次提及了公共债务的快速扩张，并借鉴和改进了转折点法，将其应用在了公共债务快速扩张阶段的测度中[22]。该方法的优势在于对公共债务激增的起止节点有明确的定义，但存在的问题是，对激增与普通增长的区分能力较差。

可见，现有研究中依然缺乏对公共债务激增的明确定义和测度手段。尽管已有部分学者尝试运用不同的方法对公共债务的激增进行测度，但在实际操作中，这些方法并未给出公共债务激增的明确界定，且存在诸多局限性。基于单位根检验的测度方法，虽然能够在一定程度上识别公共债务历史数据中是否存在激增现象，但其缺陷在于无法精确地判断激增的起始与结束时间点；基于转折点法的公共债务激增测度方法容易将债务的激增与债务的普通增长混淆，导致对公共债务激增的误判。为了更准确地把握公共债务激增的本质与规律，有必要进一步探讨并明确公共债务激增的定义。在此基础上，开发一种有效的公共债务激增测度方法显得尤为重要。

2.3 公共债务激增的测度方法

公共债务的相关研究虽然涉及范围甚广，但对于公共债务激增方面的讨论并不丰富。目前已有的对公共债务激增识别的研究大致可以分为两个类别，一类是基于 Harding 和 Pagan 于 2002 年提出的周期转折点法对公共债务快速积累阶段的识别[21]，另一类是基于 Phillips 等人于 2011 年提出的上确界 ADF（sup ADF，SADF）检验方法对公共债务泡沫的识别[18]。但这两种方法在公共债务激增的识别中均存在各自的劣势，并不完全适用于识别本研究定义的公共债务激增。因此本研究引入了流量识别方法，该方法基于滚动窗口的移动标准差对公共债务的激增进行测度，有效地识别了公共债务激增的起始和结束。为本研究后续对公共债务激增的宏观经济效应研究打下了基础。

2.3.1　基于转折点法的公共债务激增测度

Koh 等人在 2020 年对全球公共债务浪潮的研究中提及了公共债务激增，并借鉴和改进了转折点法，将其应用在了公共债务激增的测度中[22]。主要方法分为两个步骤：

第一步，识别公共债务与 GDP 比率的周期性转折点。通过确定公共债务的峰值和谷值，将公共债务整体趋势划分为不同的扩张期与收缩期。周期性转折点具有以下特征：

（1）峰值的转折点需要符合前后 2 年内的极大值，谷值的转折点需要符合前后 2 年内的极小值，即峰值 $D_{\max,t}$ 须符合：

$$(D_{\max,t} - D_{t \pm k}) > 0, \ k = 2 \tag{2.1}$$

谷值 $D_{\min,t}$ 须符合：

$$(D_{\min,t} - D_{t \pm k}) < 0, \ k = 2 \tag{2.2}$$

（2）峰值转折点和谷值转折点需要交替出现，如出现连续峰值或谷值，则对应保留最大值或最小值。

（3）峰值转折点需要严格大于相邻的谷值转折点，谷值转折点需要严格小于相邻的峰值转折点。

（4）一个完整的周期（从峰值转折点到下一个峰值转折点，或从谷值转折点到下一个谷值转折点）至少持续 5 年，扩张期（从谷值转折点到峰值转折点）和收缩期（从峰值转折点到谷值转折点）至少持续 2 年。

通过对转折点的识别，公共债务数据将被划分为多个连续的扩张期和收缩期，第二步则是通过对扩张期数据的检验，将扩张期区分为普通扩张期和快速扩张期。快速扩张期需要满足如下要求：在扩张期内，公共债务与 GDP 比率的总增幅要大于该阶段公共债务与 GDP 比率的 10 年移动标准差（从 $t-9$ 期到 t 期）的最大值。即假设扩张期从谷值转折点 $D_{\min,i}$ 开始，到峰值转折点 $D_{\max,j}$ 结束，该扩张期需满足：

$$(D_{\max,j} - D_{\min,i}) > \max_{i \leqslant t \leqslant j} S_t \tag{2.3}$$

$$S_t = \sqrt{\frac{\sum_{t-9}^{t} (D_t - \bar{D}_t)^2}{n-1}} \tag{2.4}$$

其中，$\bar{D}_t = \sum_{t-9}^{t} D_t / n$ 为移动平均值，$n = 10$。

基于转折点法的公共债务激增测度存在一个明显的弊端：识别出的公共债务快速扩张阶段持续时间过长。Kob 等人对 100 个新兴发展中经济体 1970—2018 年的公共债务数据进行了识别，最终识别出 256 次公共债务快速扩张阶段，公共债务快速扩张的平均持续时长为 7 年，21% 的公共债务快速扩张阶段长达 10 年以上[22]。这与我们定义的公共债务激增并不相符，大量公共债务增速平缓甚至下降的年份被纳入公共债务快速扩张阶段中，这种长周期的识别方式并不适用于本书定义的公共债务激增。

2.3.2 基于 SADF 检验的公共债务激增测度

单位根检验方法最早被用于资产价格泡沫的检验中，当价格序列平稳时，则认为价格序列不存在泡沫。反之，当价格序列经过有限次差分后依然不平稳，则表明价格序列中含有泡沫成分。Phillips 等人在单位根检验的基础上，采用滚动分析的思路提出 SADF 检验方法。该方法通过向前递归回归的方法检验价格序列中是否具有爆炸单位根过程，以此来识别序列中的激增现象[17]。此后，Phillips 等人对 SADF 检验方法进行了拓展，提出了广义上确界 ADF 检验方法（GSADF）和倒向上确界检验方法（BSADF）[18]。Bystrov 等人和 Esteve 等人先后将该方法应用到了对公共债务泡沫的识别中[19],[20]。

但基于 SADF 检验及其变体的公共债务激增测度同样存在一个明显的弊端：模型的构建是基于对时间序列样本分布的检验，这导致了模型对采样窗口长度的过度依赖。虽然模型对于公共债务序列是否存在激增有较为准确且稳定的判断，但对公共债务激增的起始和结束缺乏准确的测度。该方法同样不适用于本研究定义下的公共债务激增的测度。

2.3.3　基于流量识别的公共债务激增测度

流量识别方法早期由 Calvo 提出，并被广泛应用于资本流动过程中的资本流动激增和资本流动中止的识别[23]。该方法对流量的变化反应灵敏，可以有效地识别出流量激增的起始与结束，非常适用于本书定义的公共债务激增的识别。因此，本书借鉴了 Calvo 流量识别方法，对其进行了改进，应用到了公共债务激增的测度中。具体方法如下，首先需要将公共债务存量数据 D_t（本研究中使用的所有公共债务数据均为公共债务与 GDP 比率）通过差分获得公共债务流量数据 ΔD_t：

$$\Delta D_t = D_t - D_{t-1} \tag{2.5}$$

然后设定滚动的时间窗口，计算窗口内公共债务流量的移动平均值 $\overline{\Delta D_t}$ 和移动标准差 $S_{\Delta D,t}$：

$$\overline{\Delta D_t} = \frac{\sum_{i=1}^{N} \Delta D_{t-i}}{N} \tag{2.6}$$

$$S_{\Delta D,t} = \sqrt{\frac{\sum_{i=1}^{N} (\Delta D_{t-i} - \overline{\Delta D_t})}{N-1}} \tag{2.7}$$

N 为时间窗口长度，通常使用年度数据时设定时间窗口长度为 5[24]，使用季度数据时设定时间窗口长度为 20[25]，本研究使用的是公共债务的年度数据，因此设定 $N=5$。公共债务激增开始的识别标准被设定为：公共债务流量满足大于移动平均值 2 单位标准差，即公共债务激增的开始 $\Delta D_{\text{start},t}$ 满足：

$$\Delta D_{\text{start},t} > \overline{\Delta D_t} + 2S_{\Delta D,t} \tag{2.8}$$

当公共债务流量满足小于移动平均值时，公共债务激增结束，即 $\Delta D_{\text{end},t}$ 满足：

$$\Delta D_{\text{end},t} < \overline{\Delta D_t} \tag{2.9}$$

该设定参考了资本流动研究中对资本流动激增的设定，2 单位标准差的差距更好地描述了激增与普通增长之间的差距，为了测试模型的稳健性，我们同时试用了 1 单位标准差和 3 单位标准差的测算标准，表 2－1 展示了不同测算标准下识别出的公共债务激增的描述性统计。通过对不同测度标准的公共债务激增识别结果进行对比，可以看出，采用 1 单位标准差会降低激增和普通增长之间的区分度，导致激增的持续时长明显增加，且部分公共债务普通增长也被错误地识别出来。而采用 3 单位标准差则会导致激增发生数量的大幅减少，使一些典型的债务激增事件被遗漏。因此，本研究最终选择了 2 单位标准差作为公共债务激增识别的测度标准。

表 2－1　　不同测度标准下的公共债务激增识别结果

测度标准	样本分组	激增的数量	激增的平均持续时长（年）	激增的最大持续时长（年）	激增的年均增幅（占 GDP%）	激增的最大年均增幅（占 GDP%）
2 单位标准差	发达经济体	108	2.20	8	7.97	46.82
	新兴发展中经济体	325	1.91	7	9.89	61.53
	全样本	433	1.98	8	9.41	61.53
1 单位标准差	发达经济体	121	3.75	11	5.74	35.42
	新兴发展中经济体	374	3.67	12	6.43	61.53
	全样本	495	3.69	12	6.11	61.53
3 单位标准差	发达经济体	72	2.01	7	8.31	46.82
	新兴发展中经济体	283	1.85	7	10.82	61.53
	全样本	355	1.88	7	10.03	61.53

2.4　基于流量识别的公共债务激增事件库

本研究收集了 86 个经济体（发达经济体 21 个，新兴发展中经济体

65 个）自 1951 年到 2022 年的公共债务数据，主要数据来源为世界银行发布的世界发展指标数据库，并通过流量识别方法对公共债务激增进行了识别与分析。选取的经济体尽可能多地覆盖了全球各主要经济发展区域，表 2－2 展示了所有经济体样本及其所属经济区域。半个多世纪以来，共识别出 433 次公共债务激增事件，其中 108 次发生在发达经济体，325 次发生在新兴发展中经济体。公共债务激增事件库的全貌被分别展示在了表 2－3 和表 2－4 中。

2.4.1　公共债务激增事件的统计规律

从统计的结果来看，近半个世纪以来，每个经济体平均经历了约 5 次公共债务激增，这一频率在发达经济体和新兴发展中经济体中并没有表现出太大差异。表 2－5 展示了公共债务激增事件的一些描述性特征。与 Reinhart 等人和 Koh 等人讨论的长周期的公共债务积累过程不同，通常一个公共债务积累过程长达 5—10 年。本书识别出的公共债务激增事件平均时长仅为 1.98 年，绝大部分的公共债务激增不会持续超过 3 年（不超过 3 年的债务激增在发达经济体中占 82.4%，在发展中经济体占 88.0%）。图 2－1 展示了所有公共债务激增事件持续时长的分布。可以看出债务激增的发生更符合公共债务发行作为一个强财政政策的特点：执行迅速且有针对性。

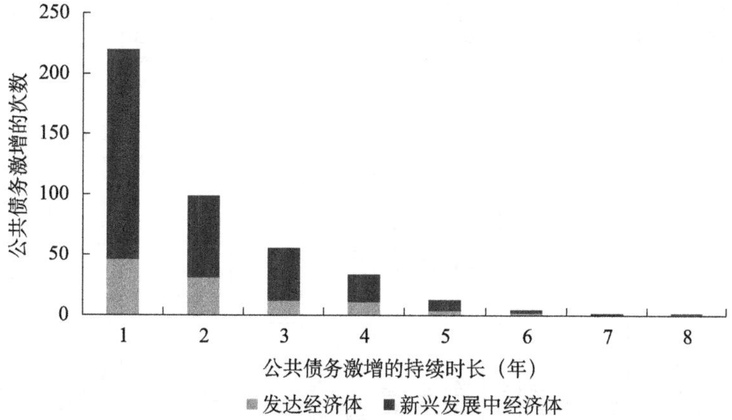

图 2－1　公共债务激增事件持续时长的分布

表 2－2　经济体样本及其所属经济区域

发达经济体	新兴发展中经济体					
	亚洲区域	拉丁美洲区域	独立国家联合体	欧洲	中东和北非区域	南非区域
澳大利亚	中国	阿根廷	阿塞拜疆	阿尔巴尼亚	阿尔及利亚	安哥拉
奥地利	中国香港	巴西	白俄罗斯	波斯尼亚和黑塞哥维那	埃及	博茨瓦纳
比利时	印度	智利	哈萨克斯坦	保加利亚	伊朗	纳米比亚
加拿大	印度尼西亚	哥伦比亚	俄罗斯	克罗地亚	伊拉克	南非
丹麦	韩国	哥斯达黎加	乌克兰	捷克	以色列	
芬兰	马来西亚	多米尼加		爱沙尼亚	约旦	
法国	巴基斯坦	厄瓜多尔		匈牙利	科威特	
德国	新加坡	萨尔瓦多		拉脱维亚	黎巴嫩	
希腊	斯里兰卡	危地马拉		立陶宛	利比亚	
爱尔兰	中国台湾	牙买加		波兰	摩洛哥	
意大利	泰国	墨西哥		罗马尼亚	阿曼	
日本		巴拉圭		塞尔维亚	沙特阿拉伯	
荷兰		秘鲁		斯洛伐克	叙利亚	
新西兰		特立尼达和多巴哥		斯洛文尼亚	突尼斯	
挪威		乌拉圭		土耳其		
葡萄牙		委内瑞拉				
西班牙						
瑞典						
瑞士						
英国						
美国						

表 2 - 3　　发达经济体公共债务激增事件库

经济体	公共债务激增的年份					
澳大利亚	1961—1962	1983—1986[4]	1992—1995	2008—2011[4]	2020		
奥地利	1958—1959	1967—1968	1975—1978	1983—1987	1993—1995	2008—2010[1]	2020
比利时	1959	1976—1982	1993	2008—2009[1]	2020		
加拿大	2008—2009	2015	2020				
丹麦	1976—1983[4]	1992—1993	2008—2011[1]	2020			
芬兰	1962—1963	1978	1991—1993[1,2,4]	2000	2009—2010	2020	
法国	1970[4]	1981—1982	1992—1995	2002—2003	2008—2009[1]	2020	
德国	1975[4]	1990	1995	2009—2010[1]	2020—2021		
希腊	1963	1981—1985[2]	1990	1993[4]	2008—2011[1,3,4]	2018	2020
爱尔兰	1965—1966	1974—1976[4]	1983—1984	2008—2011[1,4]	2020		
意大利	1974—1978[4]	1981	1983—1984	1991	1999—2002[1]	2008—2009[4]	2020
日本	1999	2009—2010[1,4]	2020				
荷兰	2008[1]	2020					
新西兰	1976—1978	1982—1983[2]	2008—2011[4]	2020—2021			
挪威	1977—1979	1986[4]	1992—1993[1]	2003	2008—2009	2020	
葡萄牙	1958	1962—1963	1975—1976	1980—1981[2,4]	1993	2009—2012[1,4]	2020
西班牙	1984—1986[2]	1993—1994	2008—2013[1,4]	2020			
瑞典	1977—1982	1992—1993[1,2]	2013—2014	2020			
瑞士	1974—1976	1991—1993	2002	2009[1]	2017	2020	
英国	1982	1992—1993	2004	2008—2010[1]	2020		
美国	1958	1975—1976	1982—1986	1990—1992[1]	2002—2003	2008—2010[1]	2020

注：上标 1、2、3 和 4 分别表示公共债务激增与银行危机、货币危机、债务危机和财政压力事件相关。

表 2－4　　新兴发展中经济体公共债务激增事件库

经济区域	经济体	公共债务激增的年份										
拉丁美洲区域	阿根廷	1962	1975[2]	1981—1983[1,2,3,4]	1985	1987[2]	1989[1]	2001—2002[1,2,3,4]	2009	2018[2]	2020	
	巴西	1956	1980—1981[2]	1984[3,4]	1987[2]	1990—1992[1,2]	1996—1999[1,2,4]	2001—2002[4]	2009	2015—2017[2]	2020	
	智利	1956—1957	1967—1970	1974—1975[1,4]	1978	1982—1986[1,2,3,4]	1998—1999	2008—2010	2016	2020—2021		
	哥伦比亚	1961—1962	1984—1986[1,2]	1992	1999—2002[1,4]	2009[4]	2013—2015	2018	2020			
	哥斯达黎加	1961	1970—1971	1978	1991[2]	1998	2009—2012[4]	2020				
	多米尼加	2003[1,2,3,4]	2008—2009[4]	2013	2020							
	厄瓜多尔	1999[1,2,3,4]	2010[3]	2019								
	萨尔瓦多	1980—1984[2,4]	1999—2002	2009[4]	2020							
	危地马拉	1955	1965	1971—1972	1980—1985[2,4]	1999	2009[4]	2020				
	牙买加	1971—1973	1975	1978[2,3,4]	1981—1985[2,4]	1992—1994[2]	2008—2010[3,4]	2012—2014	2020			
	墨西哥	1964—1965	1976[2,4]	1985—1987	1994—1995[1,2,4]	2002	2008—2009[4]	2020				
	巴拉圭	1982—1985[2,3]	1987—1999[1,2]	2002[2]	2012—2015	2020						
	秘鲁	2015	2020									
	特立尼达和多巴哥	1986—1987[2,3]	1993	2009	2011	2015—2016	2020					
	乌拉圭	1982—1984[1,2,3,4]	1999—2002[1,2,3,4]	2015	2020							
	委内瑞拉	1958—1960	1976—1979	1984[2,4]	1986—1987	1989[2]	1994[1,2]	2001—2003[2]	2009[2,4]	2011—2013	2017[3]	2019
独立国家联合体	阿塞拜疆	1999	2009	2014—2016[2]	2020—2021							
	白俄罗斯	1998[2]	2009—2011[2]	2015[2]	2020							
	哈萨克斯坦	1977	1982—1985	1987—1990	2009—2013[1]	2020						
	俄罗斯	1998—1999[1,2,3]	2009—2010[1,4]	2014[2]	2020							
	乌克兰	2008—2010[1,2,4]	2014—2015[1,2,3]	2020								
欧洲	阿尔巴尼亚	1997[2,4]	2008—2009	2020								
	波黑	2008—2010[4]	2020									
	保加利亚	1990—1993[3,4]	1996[1,2,4]	1999	2009—2010[4]	2014	2020—2021					
	克罗地亚	1999—2000[1]	2009—2013	2020								

续表

经济区域	经济体	公共债务激增的年份							
欧洲	捷克	2001—2002	2009—2012	2020—2021					
	爱沙尼亚	2008—2009	2012	2020					
	匈牙利	2002—2003	2008—2009[4]	2020					
	拉脱维亚	1998	2009[4]	2016—2017					
	立陶宛	1978	1984	1989	1998	2011	2014—2015		
	波兰	1991—1994[1]	2002—2003[4]	2008[4]	2016	2020			
	罗马尼亚	1999—2001[1]	2009—2011[4]	2020					
	塞尔维亚	2009—2010	2012—2014	2020					
	斯洛伐克	2009	2012	2020					
	斯洛文尼亚	2009—2014	2020						
	土耳其	1970	1980	1984[2]	1994	1999[4]	2001[1,2,4]	2008—2009	2019—2020[2]
中东和北非区域	阿尔及利亚	1976—1978	1986—1988[2]	1993[2]	2009	2016—2021			
	埃及								
	伊朗	1981	1986[2]	1994[2]	2001—2002[2]	2009—2010	2015—2016		
	伊拉克	2009	2015—2016	2020					
	以色列	1998	2001—2002	2009	2020				
	约旦	1978	1992—1995[4]	1998—2005	2008—2012	2020			
	科威特	1971—1972	1997—1999	2003—2006	2020—2021				
	黎巴嫩	1999	2008—2010	2020—2021					
	利比亚	1981—1982	1994—1996	1999—2001[2]	2005—2006	2013—2019			
	摩洛哥	1975—1978	1981—1985[1,2,3,4]	2009—2013	2020				
	阿曼	1986	1991	1998	2009	2015—2017	2020		
	沙特阿拉伯	1991—1994	1998	2009	2015—2016	2020			
	叙利亚	1976—1978	1982—1985	1988—1989[2]	1997—1998	2000			
	突尼斯	1976—1978	1986	1991[1]	1997	2008	2011—2012	2017	2020

续表

经济区域	经济体	公共债务激增的年份								
亚洲区域	中国大陆	2007	2009	2016—2017	2020					
	中国香港	2009	2020							
	印度	1955	1959	1968	1976—1977	1982^{4}	1993^{1}	2000—2002	2009	2019—2020
	印度尼西亚	1978^{2}	1982	1985—1987	1998—$2000^{1,2,3,4}$	2013	2020—2021			
	韩国	2008—2009	2015	2020						
	马来西亚	1955	1975	1981—1983	1985—1986	$1998^{1,2,4}$	2001	2009^{4}	2020	
	巴基斯坦	1972^{2}	1982	1991	1999	2008—2010^{4}	2019—2020			
	新加坡	1975—1977	1985	1991—1992	1998—1999	2001	2008—2009	2019—2021		
	斯里兰卡	1959—1962	1976—1977^{2}	1985—1987	1998—2002^{4}	2009^{4}	2015	2018	2020—2021	
	中国台湾	2000—2001	2009							
	泰国	1969—1972	1976	1985—1986^{4}	1997—$1999^{1,2,4}$	2009	2020—2021			
南非区域	安哥拉	1998	2007—2009	2013—2016^{2}	2018—2020^{2}					
	博茨瓦纳	1981—1985^{2}	1991	1998	2004	2009	2020			
	纳米比亚	1998—1999	2003—2004	2010—2011	2015—2016^{2}	2018—2021				
	南非	1958	1968	1994^{4}	2009—2011	2020				

注：上标 1、2、3 和 4 分别表示公共债务激增与银行危机、货币危机、债务危机和财政压力事件相关。

表 2－5　　　　　　　　公共债务激增事件的描述性统计

	发达经济体	新兴发展中经济体	全样本
激增的次数	108	325	433
激增的平均次数	5.14	5	5.03
激增的平均持续时长（年）	2.20	1.91	1.98
激增的最大持续时长（年）	8	7	8
激增的年平均幅度（占 GDP%）	7.97	9.89	9.41
激增的年最大幅度（占 GDP%）	46.82	61.53	61.53

图 2－2 和图 2－3 提供了关于公共债务激增更丰富的信息。图 2－2 统计了所有经济体所经历的公共债务激增中最长持续时间（以年为单位）。大部分的国家所经历的最长公共债务激增处于 2—5 年（占所有经济体样本的 81.4%）。但这一分布在发达经济体和新兴发展中经济体之间表现出差异，新兴发展中经济体所经历的最长公共债务激增年限明显更短。图 2－3 统计了全部公共债务激增事件的年均债务增量（占当年 GDP 的百分比）的分布情况。大部分公共债务激增时期的年均公共债务增量在 15% 以下（占所有公共债务激增事件的 90.1%）。年均公共债务增量超过 40% 的公共债务激增事件仅有 6 次。它们分别是：正在经历第三次印巴战争的巴基斯坦（1972 年，年均公共债务增量 61.5%）；受石油价格冲击且经济结构单一的委内瑞拉（2017 年，年均公共债务增量 55.4%）；陷入长期通胀，经历了“失去的十年”的阿根廷（1989 年，年均公共债务增量 52.4%）；受克里米亚危机波及的立陶宛（2014—2015 年，年均公共债务增量 46.3%）；房地产泡沫破裂，陷入经济大衰退的日本（1991 年，年均公共债务增量 46.3%）；刚经历了主权债务危机的巴西（1984 年，年均公共债务增量 43.1%）。整体来看，发达经济体在公共债务激增期间的债务增量更低（平均 7.97%），相比于新兴发展中经济体（平均 9.89%）。这表现出发达经济体和新兴发展中经济体在公共债务的利用策略上存在不同。发达经济体因其发展阶段更超前，有更为健全的经济系统和更为丰富的政策经验，出于对债务激增可能会导致的主权

债务风险激增等负面影响的担忧，其在使用公共债务这种强力的财政手段时更为谨慎。政府即使面临融资压力时，也会尽量选择缓步增加杠杆。而新兴发展中经济体更多处于经济政策的探索阶段，对公共债务的使用表现更为激进，短促而有力的债务扩张固然在短期内对经济的提振效果更为显著，但引发的经济波动更为剧烈，可能导致更高的财政风险甚至引发新一轮的危机。

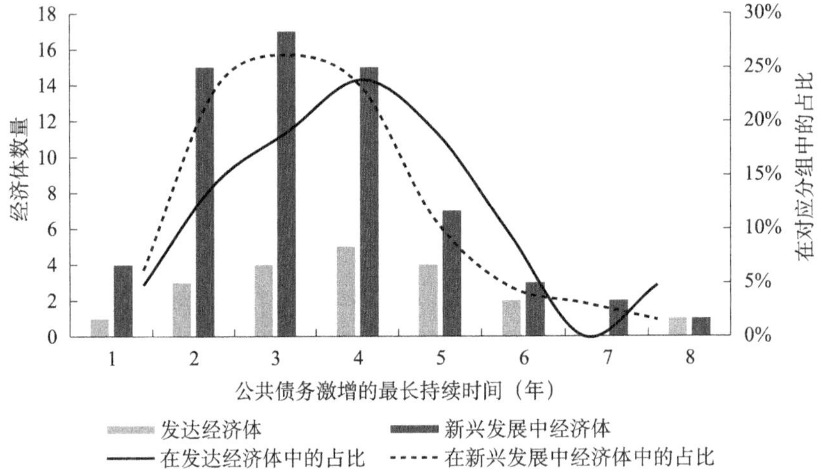

图 2－2　公共债务激增时间的最长持续时间分布

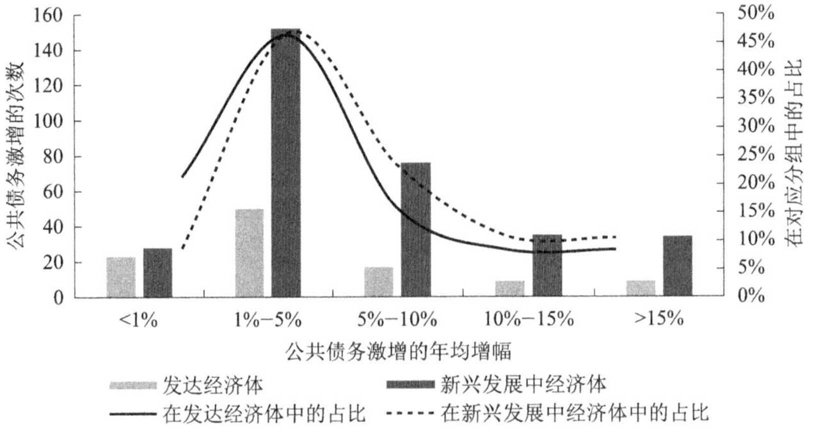

图 2－3　公共债务激增的年均增幅的分布情况

2.4.2　公共债务激增事件的聚集特点

公共债务作为一种政府重要的融资手段，它的激增通常意味着政府的入不敷出。经济衰退导致税收下降，扩张性财政政策或突发的公共事件导致财政支出增长。与经济形势密不可分的关联使公共债务激增的发生也表现出明显的聚集性。这种聚集表现在两个方面，一方面是与经济周期性波动相似的周期性聚集，另一方面是因区域经济一体化而导致的区域性聚集。图 2－4 展示了 86 个经济体样本自 1951 年到 2021 年所发生的公共债务激增。我们将所有的经济体样本按照经济关联的密切程度划分为了 7 个组别，分别是发达经济体、拉丁美洲区域经济体、独立国家联合体、欧洲非发达经济体、中东和北非地区经济体、亚洲非发达经济体、南非地区经济体，以更好地观测公共债务激增事件在经济高关联的经济体间的聚集。

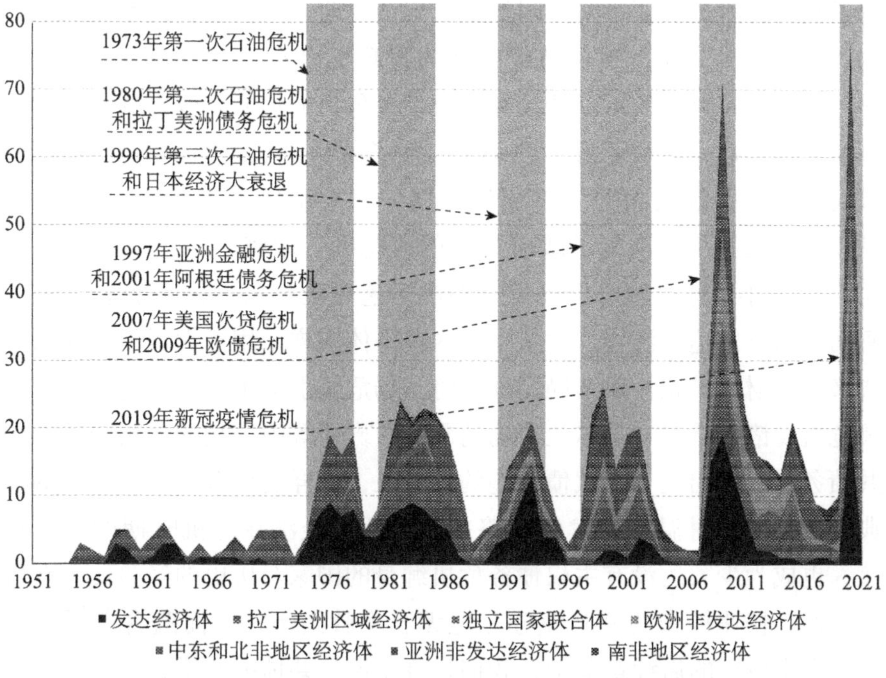

图 2－4　1951—2021 年公共债务激增事件分布情况

如图 2－4 所示，在近半个世纪以来，公共债务激增的发生明显地聚集在几个时期，而这些时期都对应着波及面极广的经济衰退或危机。三次公认的石油危机使当时相对发达的工业化经济体和中东以及北非地区的主要石油出口国同时出现公共债务激增的状况。20 世纪 80 年代的拉美债务危机则使拉美地区的经济体集体出现公共债务激增的状况。1997 年的亚洲金融危机时期，多个亚洲经济体也采用了扩张性的财政政策来抵御经济冲击，致使公共债务的激增。2007 年美国次贷危机的影响范围巨大，短期内从发达经济体间扩散到全球，致使全球范围内的经济体出现公共债务激增的状况。最近一次全球范围的震动，则是由 2019 年底的新冠疫情带来的。一场全球性的公共卫生事件使样本中几乎所有的经济体都进入了公共债务激增的状态。

但依靠大规模发债来支持的财政扩张计划真的能帮助经济体摆脱危机吗？大量公共债务激增的案例给出了否定的答案。20 世纪 80 年代拉美债务危机的爆发使阿根廷和巴西同时陷入困境，为刺激经济，两国选择了相同的激进发债策略。阿根廷与巴西政府公共债务负债率年均增长均达到了 40% 以上。然而持续扩张的财政支出不仅没能提振经济，反而导致了政府财政的不可持续和主权债务危机的加剧。政府的失信导致大量外资出逃，货币贬值，进而又引发了货币危机。直到 1993 年巴西政府实施了财政紧缩的“雷亚尔计划”才控制住了本国的通货膨胀，减少了财政赤字，恢复了政府财政的可持续，才将巴西经济拖回了正轨。2008 年全球金融危机爆发，冲击迅速蔓延至与美国次级贷款关联密切的西方发达经济体。大量欧元区经济体同样采用了大规模发债的方式来支持财政扩张。而结局同样是将一场危机引向了另一场危机——欧债危机。诸如希腊、爱尔兰、葡萄牙、西班牙等国家相继因短期内的公共债务激增而出现了主权债务违约。相反，同样受到金融危机冲击的瑞典则采用了相对温和的发债策略，既保证了经济在危机时期的平稳过渡，也成为少数的没有主权债务危机缠身的国家。历史的经验似乎在告诉我们，快速扩张的公共债务非但无法挽救经济，反而蕴含着巨大风险。在本研究的后续章节中，我们将基于该公共债务激增数据库，对公共债务激增的宏观经济影响，以及其与危机之间的联系进行更深入的分析。

2.5　本章小结

本章重点研究公共债务激增的测度方法，对比了转折点法、上确界 ADF 检验法、流量识别法在公共债务激增事件识别中的优劣。基于本研究对公共债务激增的定义，流量识别法因其对激增起始和结束识别的灵敏性和准确性，被最终选定为公共债务激增的测度方法。基于该方法，本研究构建了一个涵盖 86 个主要经济体自 1951 年到 2021 年的公共债务激增事件数据库。并针对公共债务激增事件前后的宏观经济、金融环境变化进行了统计分析和讨论。

本章发现，近半个多世纪以来，平均每个经济体发生了 5 次左右公共债务激增，绝大部分激增的持续时间不会超过 3 年，这很符合公共债务作为一个强财政政策的高效性的特点。同时，公共债务的激增表现出明显的聚集性，这种聚集性表现在两个方面，一方面是周期性的聚集，另一方面是区域性的聚集。公共债务激增的周期性聚集主要是因为公共债务与财政扩张和经济衰退的高度相关，经济的周期性波动导致了公共债务激增在经济衰退期表现出明显的聚集。而公共债务激增的区域性聚集则是由于区域经济的一体化，经济关联紧密的经济体之间常表现出同频的经济震荡。

本章通过事件研究的方法对公共债务激增事件库进行了分析，发现公共债务激增常发生于经济衰退的大背景下。依赖于公共债务融资的扩张性财政政策能起到一定程度的经济刺激作用，拉动消费与投资，缓解经济下行压力。但大量案例证实，过度的发债行为不仅无法解决经济衰退的困境，反而会使背负高额负债的政府陷入更大的财政困境，为未来的财政危机和主权债务危机埋下隐患。同时，大规模发债并向市场注入流动性会使政府陷入两难的境地，需要在降低利率以减少政府融资成本和提高利率以遏制恶性通胀之间做出艰难选择。经济政策的不确定性会进一步加剧金融市场波动，带来更大的风险。这些发现为本研究后续章节中关于公共债务激增对宏观经济的影响的研究，关于公共债务激增对于金融稳定性的影响的研究，以及关于公共债务激增导致的金融危机与财政危机风险加剧的研究提供了出发点和立足点。

受限于数据获取渠道，本书收集到的经济体样本主要为发达经济体和新兴发展中经济体，在后续的研究中也以这两类经济体为主，未能将低收入国家纳入分析中。但针对低收入国家开展公共债务激增的研究是十分关键的。低收入国家的经济发展水平相对落后，财政脆弱性凸显，因此更需要防止公共债务激增。通过对低收入国家公共债务激增的研究，我们可以更好地了解这些国家的债务状况和经济发展情况，并为其提供更有效的解决方案，帮助它们实现债务可持续与经济发展之间的平衡。这将是我们未来重点开展的研究方向。

第3章

公共债务激增的驱动因素分析

公共债务激增的频繁发生，使政策制定者更加关心这一现象是由哪些因素导致的。本章在明确公共债务激增事件的普遍性后，进一步对公共债务激增的驱动因素进行了深入讨论。我们试图通过对债务动态结构的分解，以明确导致公共债务激增的主要驱动因素，进而为约束公共债务扩张和优化公共债务管理提供更具理论基础的政策建议。本章的主要工作如下：基于公共债务动态分解方法，明确了债务存量流量管理和政府财政赤字是公共债务激增的主要驱动因素；进一步对存量流量调整进行分解，通过构建回归模型，验证了公共债务激增期间存量流量调整大幅增加的主要原因是大量或有债务的发生；通过对政府财政收支平衡的再分解，验证了公共债务激增期间政府财政赤字的主要来源是财政税收的大幅下降和政府消费支出的增加。

3.1 引言

传统的公共债务理论认为，公共债务是政府为弥补财政赤字而发行或承担的债务，所以财政赤字的增加是公共债务激增的主要原因。尤其是在经济下行时期，政府往往需要增加支出以刺激经济、稳定就业，同时税收收入可能因经济衰退的影响和一系列税费减免的优惠政策实施而减少，这导致财政赤字扩大，进而推高公共债务。

但许多学者通过实证研究发现，公共债务的变动并不只受政府财政赤字的影响，尤其是在公共债务增长期间，存在着大量财政赤字以外的债务变动。比如，利率的增加会引起政府债务偿付利息的增加，从而增加政府偿债成本，形成新的公共债务；通货膨胀的发生会降低货币购买力，降低政府债务的实际价值，同时会导致政府税收的增加，从而减轻政府的偿债负担，这使得通胀一度成为部分学者鼓吹的债务消减利器[26]。此外，还存在大量的公共债务变动，无法在政府财政预算框架内做出合理的解释，该部分被称为公共债务的存量流量调整（Stock-Flow Adjustments，SFA）[27]。政治的稳定程度和财政制度的完善程度等因素都被证实会对存量流量调整的变动产生重要影响。由此可见，公共债务变动的影响因素众多，尤其是在公共债务激增期间，哪些影响因素起到了主要驱动作用，是值得深入探究的问题。

本章后面的内容安排如下：3.2 节综述了现有文献中对公共债务激增驱动因素的讨论；3.3 节详细介绍了公共债务的动态分解方法，将公共债务激增的主要驱动力划分为经济增长、债务付息、通货膨胀、财政收支平衡和 SFA；3.4 节进一步对债务分解后的 SFA 和财政收支平衡进行了拆解与分析，挖掘两者背后的主要影响因素，以对公共债务的激增给出更深层次的解释；3.5 节为本章小结。

3.2 公共债务激增的驱动因素研究综述

公共债务激增的频繁出现使学者们开始关注导致这一现象的原因，大量的研究表明，公共债务增加的最大驱动因素不是主要赤字，也不是经济活动，也不是利息支付，而是大量的存量流量调整（Stock-Flow Adjustment，SFA），即传统债务分解过程中的剩余部分[28]。这些存量流量调整可被视为公共债务动态的盲点，因为它们很难被正确建模或准确预测[27]。因此，探究存量流量调整对公共债务动态的影响程度成为学界重点关注的话题。

Campos 等人进行了一项涵盖 117 个国家（包括 24 个高收入国家、59 个中等收入国家和 34 个低收入国家）从 1972 年至 2003 年债务激增情况的综合性研究[29]。他们深入分析了这些数据，并得出了一个引人注目的结论：债务激增与预算赤字之间的关联并不强，而更多地是由存量流量调整引起的。Jaramillo 等人在更广泛的国家样本和更长时间跨度（179 个国家 1945 年到 2014 年的公共债务数据）下验证了这一观点[27],[28]。这种存量流量调整可以部分归因于或有负债和资产负债表效应。然而，尽管这一发现为我们理解债务激增提供了新视角，但他们也指出这两个组成部分只能解释存量流量调整国家内部差异的 20%。这意味着存量流量调整的很大一部分仍然是未知的。Weber 使用 1980 年至 2010 年间 163 个国家的数据，表明存量流量调整是债务增加的重要来源，而在解释债务减少方面只发挥了次要作用[30]。这种存量流量调整可以部分归因于资产负债表效应和或有负债的实现。然而，值得注意的是，各国之间的平均存量流量调整存在显著差异，这反映了具体国家的独特因素。Weber 进一步指出，财政透明度在这一问题中扮演着重要角色。在那些财政透明度较高的国家中，由存量流量调整导致的债务增加往往比重较小。Von Hagen 和 Wolff 以欧盟国家为样本，展示了政府如何利用存量流量调整来规避欧洲经济和货币联盟制定的财政规则[31]。他们强调需要提高财政透明度并加强对这些超国家规则的监控，以减少预算外业务。相反的，Afonso 和 Jalles 的结果则表明财政规则不会促使政府系统地利用存量流量调整来操纵政府赤字[32]，这证实了 Seiferling 的研究结果，即在大多数情况下，存量流量调整可以完全用金融资产的数量和估值的变化来解释，并且与财政透明度无关[33]。

现有研究中对公共债务的驱动因素依然存有较大的争议，影响公共债务波动的因素繁多，对债务激增的贡献也不尽相同，不同发展水平的经济体之间显然也存在较大差异。明确导致公共债务激增的主要因素，有助于政策制定者从源头约束债务扩张和优化债务管理。本书试图通过一个更广泛的样本维度，来揭示公共债务激增驱动因素的规律和特点。

3.3 公共债务动态分解方法

公共债务的动态分解方法最早由 Escolano 提出[34]，该方法建立在一个基础假设之上：公共债务的变化是财政预算业务的结果，即债务的变化路径是由总体的财政平衡路径决定，这其中包括政府的财政收支平衡和债务付息两个部分。公共债务负债率满足如下动态方程：

$$D_t = \frac{1+i_t}{1+\gamma_t}D_{t-1} - P_t \tag{3.1}$$

其中，D_t 表示 t 时期的公共债务存量与当期 GDP 的比值，i_t 表示名义利率，γ_t 表示名义 GDP 的增长率，$\frac{1+i_t}{1+\gamma_t}D_{t-1}$即为公共债务的偿本付息成本，$P_t$ 表示当期的财政收支平衡，当期为正时表示财政盈余，为负时表示财政赤字。进而可以推导出公共债务负债率的变动方程如下：

$$D_t - D_{t-1} = \frac{i_t}{1+\gamma_t}D_{t-1} - \frac{\gamma_t}{1+\gamma_t}D_{t-1} - P_t \tag{3.2}$$

从方程中可以看出，公共债务负债率的变化由三部分决定，分别为债务的付息成本$\frac{i_t}{1+\gamma_t}D_{t-1}$，名义 GDP 增长带来的公共债务负债率消减$\frac{\gamma_t}{1+\gamma_t}D_{t-1}$，以及财政收支平衡对公共债务负债率的影响 P_t。为了进一步明确通货膨胀对公共债务负债率的影响，可以将名义 GDP 增长率γ_t和实际 GDP 增长率g_t 的替代关系引入：

$$1+\gamma_t = (1+g_t)(1+\pi_t) \tag{3.3}$$

其中，π_t 为 GDP 平减指数的变化。进而可以将$\frac{\gamma_t}{1+\gamma_t}$推导出如下结构：

$$\frac{\gamma_t}{1+\gamma_t} = \frac{(1+g_t)(1+\pi_t)-1}{1+\gamma_t} = \frac{\pi_t + g_t + \pi_t g_t}{1+\gamma_t} = \frac{\pi_t}{1+\gamma_t} + \frac{g_t(1+\pi_t)}{1+\gamma_t}$$

$$= \frac{\pi_t}{1+\gamma_t} + \frac{g_t}{1+g_t} \tag{3.4}$$

将公式（3.4）代入公式（3.2），可以获得公共债务的动态分解方程如下：

$$D_t - D_{t-1} = \frac{i_t}{1+\gamma_t}D_{t-1} - \frac{\pi_t}{1+\gamma_t}D_{t-1} - \frac{g_t}{1+g_t}D_{t-1} - P_t \quad (3.5)$$

但由于政府财政预算数据来源为应计制会计，而公共债务数据来源于现金会计，两者之间通常不能完全对等，需要引入存量流量调整项SFA进行调平，因此最终的公共债务动态分解方程结构如下：

$$D_t - D_{t-1} = \frac{i_t}{1+\gamma_t}D_{t-1} - \frac{\pi_t}{1+\gamma_t}D_{t-1} - \frac{g_t}{1+g_t}D_{t-1} - P_t + SFA_t \quad (3.6)$$

公共债务动态变化过程中的主要驱动因素可以依据公式（3.6）被分解为五个部分：利率分解项$\frac{i_t}{1+\gamma_t}D_{t-1}$刻画债务付息成本的变动，通胀分解项$\frac{\pi_t}{1+\gamma_t}D_{t-1}$和经济增长分解项$\frac{g_t}{1+g_t}D_{t-1}$刻画通货膨胀和经济增长对公共债务的消解作用，财政收支平衡项P_t刻画财政盈余或赤字对债务的影响，存量流量调整项SFA_t则用来表示财政预算制度中无法解释的公共债务变动。

3.4　公共债务激增的主要驱动因素

为了探究公共债务激增的主要驱动因素，本章基于公共债务动态分解方法，对前一章节中建立的公共债务激增事件库中的86个经济体自1951年到2022年的公共债务负债率进行了分解。通过统计公共债务激增期间以及激增前后5年内的各债务动态分解项的平均水平，我们对比发现了公共债务激增发生前后的债务变动驱动因素差异。从图3-1的公共债务动态分解结果中可以看到，在公共债务激增发生前的5年内，债务变动的平均水平仅为GDP的0.5%，债务付息（利率分解项为2.01%GDP）和SFA（1.06%GDP）导致的债务增长基本由经济增长（-0.53%GDP）、通货膨胀（通胀分解项为-1.50%GDP）和财政盈余（财政平衡分解项为-0.55%GDP）带来的债务削减所抵消。而当公共债务激增发生时，债务的平均增长水平达到了 GDP 的 4.89%，导致债务激增的关键驱动因素为 SFA（相较激增前的增幅为 2.03% GDP），以及财政平衡由盈余向赤字的转变（相较激增前的增幅为 2.22% GDP）。而经济增长、债务付息和通货膨胀在债务激增期间对债务增长率的影响与激增前相差无几，相较于激增前的增幅分别为 0.15% GDP、0.05% GDP 和 -0.05% GDP。当公共债务激增结束后，债务的平均变化水平恢复到 1.11% GDP，动态分解结构也基本恢复到激增前的状态。但利率分解项相较于激增前增长了 0.35% GDP，说明公共债务激增导致的债务存量增加一定程度上加重了激增后期的债务付息负担。从公共债务激增前后的债务动态分解结果的比较中可以看出，政府的财政政策调整是引发债务激增的关键，财政收支平衡的转向和债务存量流量的大幅调整是公共债务激增的主要驱动因素。而经济形势的变化以及通货膨胀和利率环境的改变对债务增速的影响在激增前后保持相对稳定，并不是公共债务激增的主要驱动因素。

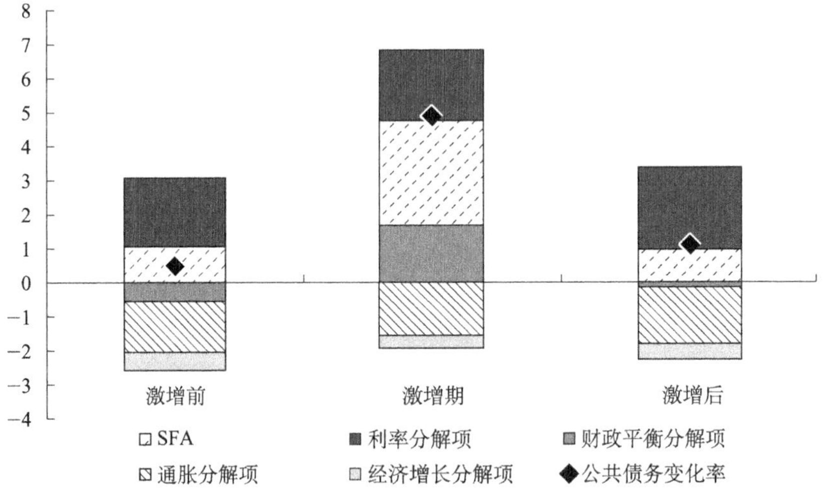

图 3-1 公共债务激增期间和激增前后债务动态分解结果

为了进一步探究公共债务激增的驱动因素在发达经济体和新兴发展中经济体之间的差异，我们对债务动态分解结果进行了分组统计。图 3-2 展示了发达经济体和新兴发展中经济体在激增前后的债务动态分解结果。从激增前的分解结果来看，发达经济体主要依靠财政盈余

（-1.24% GDP）和通货膨胀（-1.25% GDP）来对抗债务付息成本（2.42% GDP）导致的债务增长。经济增长（-0.52% GDP）和债务的SFA（0.94% GDP）在激增前期对债务增长的作用相对较弱。而对于新兴发展中经济体而言，政府财政收支基本保持平衡，财政盈余较小（-0.14% GDP），主要依靠通货膨胀（-1.76% GDP）来缓解债务付息成本（1.78% GDP）和SFA（1.13% GDP）带来的债务增长压力。而在公共债务激增期间，导致发达经济体债务激增的主要驱动因素是财政平衡的改变。激增前的财政盈余向激增期间财政赤字的转变，为公共债务增长贡献了3.18% GDP。其次是SFA带来的债务增长（1.76% GDP）。而新兴发展中经济体的债务激增驱动因素则首先是SFA（2.18% GDP），其次才是财政盈余向赤字的转变（1.66% GDP）。无论是发达经济体还是新兴发展中经济体，债务付息、经济增长和通胀水平对债务增长的影响在激增前和激增期间基本保持一致。在债务激增发生后，发达经济体和新兴发展中经济体的债务动态分解中，利率分解项对债务增长率的贡献都有了明显的增加（分别为0.42% GDP、0.27% GDP）。这说明债务付息成本在债务激增后的增加，对发达经济体和新兴发展中经济体的债务积累都施加了额外的压力，且发达经济体承压更为明显。

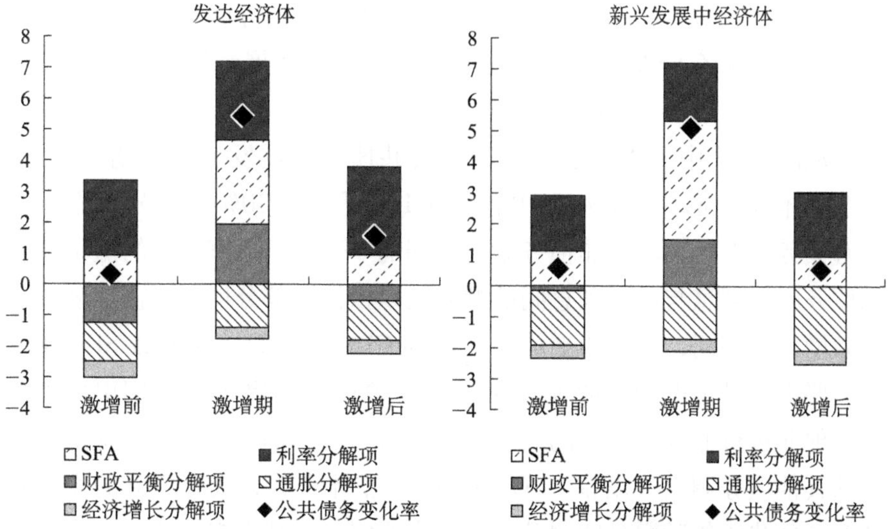

图3-2 发达经济体和新兴发展中经济体公共债务动态分解结果

3.4.1 激增期存量流量调整（SFA）的影响因素分析

作为公共债务激增的重要驱动因素之一，SFA一直备受关注。财政赤字的统计误差、或有债务的发生、财政规则的完备程度、政治条件（是否发生选举）、公共债务存量、通胀水平和货币贬值都被证实是SFA的重要影响因素[28],[35]-[37]。虽然许多学者尝试对这一债务变动过程中的“黑箱”进行剖析和解释，但对于SFA的影响因素依然处于探索阶段。欧盟统计局为SFA提供了一个分解框架，并提供了其28个成员国自1995年以来的SFA子成分详细数据（部分较晚加入欧盟的成员国，其数据时间尺度相对更短）。该分解框架在很大程度上解释了SFA的动态变动过程，为SFA影响因素的研究提供了重要的指导。欧盟统计局提供的SFA分解框架将SFA分解为了以下7个子成分：（1）金融资产收购净额（银行业或有负债的净发生额）；（2）发行高于或低于票面价值的债券；（3）外债的升值或贬值；（4）债务应计利息与已付利息之间的差额；（5）其他（非银行业）或有负债的净发生额；（6）统计误差；（7）其他调整。我们将上述国家1995—2022年的债务动态分解中的SFA分解项进一步分解为以上7个部分，并结合该时间窗口内的公共债务激增事件库，统计了上述国家在公共债务激增发生期间及其前后5年内的各SFA分解项的平均水平。图3-3展示了SFA在公共债务激增期间和激增前后的分解结果。

从图3-3中可以明显看出，在公共债务激增发生的前期和后期，SFA的体量非常小，仅为GDP的-0.11%和-0.30%。部分非银行业或有债务的发生会增加非债务激增期间的SFA，但政府债券的溢价发行和债务应计利息与已付利息间的顺差足以抵消该部分增长。而在公共债务激增发生期间，SFA的平均水平达到GDP的4.11%。导致SFA飙升的主要因素是金融资产收购净额的大幅增长（增幅2.51%GDP）和部分其他非银行业或有债务的发生（增幅0.24%GDP），以及大量未能解释的其他债务调整（增幅1.63%GDP）。整体来看，或有债务的发生是SFA在公共债务激增时期飙升的主要影响因素，其中银行业的或有负债发生占据主导地位。对于其他债务调整在公共债务激增期间的大量增加，我们发现这些调整更集中地出现在由新冠疫情引发的公共债务激增时期。图 3－4 展示了数据窗口内的两次典型的大规模危机事件——2020 年新冠疫情和 2008 年全球金融危机引发的债务激增期间的 SFA 分解项的平均值统计结果。

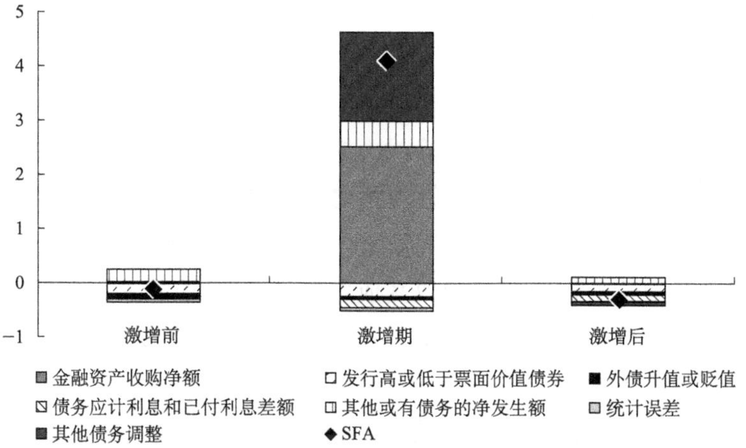

图 3－3　存量流量调整（SFA）在公共债务激增期间和激增前后的分解结果

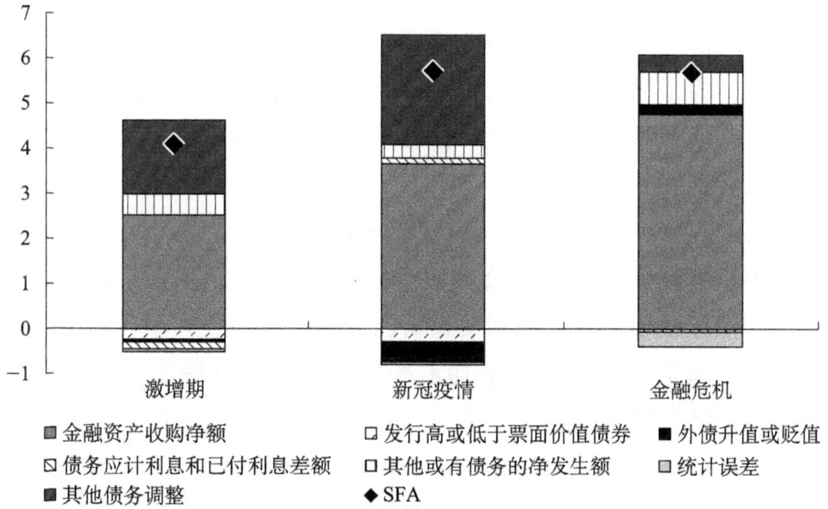

图 3－4　存量流量调整（SFA）在新冠疫情和金融危机引发的债务激增期间的分解结果

从图 3－4 中可以看出，2008 年金融危机期间，SFA 增长高达 GDP 的 5.70%。而在这之中，或有债务的发生贡献了 5.49% GDP，占比达到了 96%。其中银行业的或有债务占主体（4.77% GDP），其次是其他（非银行业）或有负债（0.72% GDP）。而在 2020 年新冠疫情期间，SFA 的增长水平同样达到了 GDP 的 5.73%，但或有负债的发生仅贡献了 GDP 的 3.97%（银行业或有负债增加 3.67% GDP，非银行业或有负债增加 0.30% GDP），占比为 69%，而剩余部分的增长则是由其他债务调整的增长引起的（2.43% GDP）。由此可见，SFA 在公共债务激增期间的增长会因为外部冲击事件性质的不同而表现出结构性的差异。在遭遇金融危机之类的金融系统风险时，银行业或有负债的发生会成为 SFA 的主要驱动因素，而在遭遇新冠疫情之类的公共卫生安全风险时，政府的部分紧急救助措施可能无法完整地统计在财政收支和债务框架内，而被归纳入其他债务调整中，导致其成为 SFA 激增的另一重要影响因素。但整体而言，或有债务的发生始终是 SFA 激增的主要原因，且银行业或有负债占主体地位。

由于欧盟成员国大部分为发达经济体，因此上述 SFA 分解的统计结论仅能代表发达经济体的结构特点。而新兴发展中经济体的 SFA 在公共债务激增期间的增长是否也主要由或有债务的发生而引起？由于新兴发展中经济体缺乏可靠的统计数据来源，我们无法准确地对其 SFA 进行分解。为了进一步验证或有债务的发生同样是新兴发展中经济体的 SFA 在公共债务激增期间的主要影响因素，我们设计了一个简洁的最小二乘线性回归实验。

$$SFA_i = \alpha + \beta \boldsymbol{X}_i + \gamma \boldsymbol{Y}_i + \varepsilon_i \tag{3.7}$$

其中被解释变量为单次公共债务激增事件发生期内的平均 SFA，i 表示公共债务激增事件。控制变量$\boldsymbol{X}_i$包括激增前的公共债务水平、激增期内的平均通货膨胀水平和平均汇率变化水平，这些宏观经济条件对 SFA 的影响已经得到了广泛的验证。解释变量$\boldsymbol{Y}_i$为激增期间内或有债务的净发生额，该数据来自 Bova 等（2016）提供的或有债务数据库，该数据库统计了 34 个发达经济体和 46 个新兴发展中经济体 1990—2014 年或有债务的发生年份和净发生额。该数据库是基于对 IMF 工作报告的文本分析收集整理而来，是目前已知的覆盖范围最广的或有债务数据库。我们对应该时间尺度和样本范围，在公共债务激增事件库中共检索到 161 次公共债务激增事件作为研究样本，并分别计算了每次激增期间的平均 SFA 和或有债务净发生额。此外我们还引入了另外两个虚拟变量来区分政治条件和财政规则对激增时期 SFA 的影响，即是否发生政府换届选举和是否制定有强有力的财政规则。已有研究表明政治条件和财政规则会对 SFA 产生显著影响。我们在模型中分别加入两个变量，进一步验证或有债务的发生对 SFA 的影响是否具有稳健性。

表 3－1 中展示的多个回归模型估计结果证实了我们的假设，在公共债务激增期间，或有债务的发生对 SFA 的增加有显著的正向影响。这说明或有债务发生是 SFA 积累的重要驱动因素这一结论，在更广泛的样本范围内同样成立。此外，激增发生前较高的债务存量水平、货币贬值引发的外债负担加剧，以及政府的换届选举，同样会加剧公共债务激增期间的 SFA 积累。而通货膨胀的发生在一定程度上消解了 SFA 的增长，有效的财政规则的存在也对 SFA 的积累起到了显著的约束作用。

表 3－1　　SFA 影响因素回归模型估计结果

解释变量	激增期的平均 SFA			
激增前的公共债务水平	0.215*** (0.026)	0.202*** (0.029)	0.219*** (0.017)	0.198*** (0.011)
平均通货膨胀水平	−0.016*** (0.002)	−0.021** (0.007)	−0.015** (0.007)	−0.025** (0.009)
平均汇率变化水平	0.453** (0.175)	0.396** (0.152)	0.467* (0.206)	0.385** (0.179)
激增期间的或有负债发生	0.573*** (0.124)	0.546*** (0.106)	0.582*** (0.137)	0.527*** (0.115)
政治条件（是否发生选举）		2.075* (0.934)		1.862* (0.912)
财政规则			−1.468*** (0.216)	−1.379*** (0.297)
截距项	−0.985 (1.256)	−1.526 (1.824)	−0.814 (1.429)	−1.126 (2.013)
样本量	161	161	161	161
R^2	0.652	0.656	0.673	0.681

注：***，**，*分别表示显著性水平达到 1%，5% 和 10%，括号内数值为标准误差。

为了进一步讨论新兴发展中经济体与发达经济体在 SFA 影响因素方面的差异，我们对样本进行了分组回归，表 3－2 和表 3－3 分别展示了分组后的回归模型估计结果。从中可以看出，在分组后的模型中，或有债务净发生额的系数估计结果依然显著，这进一步证实我们对或有债务是新兴发展中经济体在债务激增期间 SFA 积累的重要驱动因素的假设。从系数的对比中可以看出，由于新兴发展中经济体的经济发展程度较低，政府融资能力和债务管理能力较弱，其在债务激增期间的 SFA 更容易受债务存量水平、通胀水平、或有负债发生的影响。此外，由于新兴发展中经济体持有外债比例较高，汇率变动导致的货币升贬值对 SFA 积累的影响也更大。而政府换届选举对新兴发展中经济体 SFA 的影响并不显著，财政规则对其 SFA 增长的约束作用也弱于发达经济体。

表 3－2　SFA 影响因素回归模型估计结果（发达经济体样本）

解释变量	激增期的平均 SFA			
激增前的公共债务水平	0.165*** (0.020)	0.161*** (0.019)	0.177*** (0.029)	0.163*** (0.024)
平均通货膨胀水平	−0.015** (0.006)	−0.019** (0.007)	−0.014** (0.005)	−0.020** (0.007)
平均汇率变化水平	0.312** (0.112)	0.288* (0.149)	0.337* (0.213)	0.296* (0.188)
激增期间的或有负债发生	0.499*** (0.089)	0.491*** (0.114)	0.521*** (0.122)	0.508*** (0.103)
政治条件（是否发生选举）		2.237** (0.818)		2.321** (0.742)
财政规则			−1.531*** (0.195)	−1.402*** (0.218)
截距项	−1.325 (1.598)	−1.679 (2.021)	−1.189 (1.669)	−1.443 (2.431)
样本量	77	77	77	77
R^2	0.701	0.737	0.723	0.771

注：***，**，*分别表示显著性水平达到 1%，5% 和 10%，括号内数值为标准误差。

表 3-3　SFA 影响因素回归模型估计结果（新兴发展中经济体样本）

解释变量	激增期的平均 SFA			
激增前的公共债务水平	0.225*** (0.033)	0.219*** (0.036)	0.237*** (0.051)	0.218*** (0.040)
平均通货膨胀水平	-0.028*** (0.004)	-0.032*** (0.006)	-0.025** (0.009)	-0.031** (0.014)
平均汇率变化水平	0.503*** (0.097)	0.447** (0.200)	0.517** (0.193)	0.501*** (0.121)
激增期间的或有负债发生	0.618*** (0.220)	0.606*** (0.211)	0.687*** (0.116)	0.637*** (0.101)
政治条件（是否发生选举）		1.832 (1.734)		1.742 (1.998)
财政规则			-1.372** (0.666)	-1.321** (0.558)
截距项	-1.033 (0.988)	-1.367 (1.931)	-0.764 (0.986)	-1.126 (2.061)
样本量	84	84	84	84
R^2	0.526	0.587	0.601	0.619

注：***，**，*分别表示显著性水平达到 1%，5% 和 10%，括号内数值为标准误差。

3.4.2　激增期财政收支平衡的影响因素分析

财政收支平衡从盈余向赤字的转变，同样是公共债务激增的重要驱动因素。为了进一步深入了解财政收支平衡在公共债务激增期间变动的原因，我们对政府财政收支平衡进行了再分解。从收入端的税收收入和支出端的教育支出、医疗支出、消费支出和军费支出等几个方面对财政收支平衡进行了细分，并对公共债务激增期间以及激增前后 5 年内的财政收支平衡分解项的平均水平进行了统计。图 3-5 展示了财政收支平衡在公共债务激增期间和激增前后的细分结果。

从图 3-5 中的统计结果可以看出，在公共债务激增发生前，政府财政盈余主要得益于税收收入的增长（-0.41% GDP）和军费支出的削减（-0.13% GDP）。在公共债务激增发生期间，政府财政平衡由激增前的盈余状态（-0.51% GDP）转变为了赤字状态（1.67% GDP），而带来这一转变的主要因素是税收收入的减少（相较于激增前缩减

0.82% GDP)，其次是消费支出和医疗支出的增加，相较于激增前的增幅分别为 GDP 的 0.55% 和 0.36%。这说明政府财政政策由紧缩性向扩张性的方向性转变，是导致公共债务激增期间财政收支平衡由盈余转向赤字的关键。而这其中税收减免和增加对个人和家庭的补助（划归于政府消费支出）通常是政府的主要财政扩张手段。而对于财政收支平衡在支出端的结构变化，还需要根据具体的公共债务激增背景来具体分析。我们同样对 21 世纪以来两次典型的引发债务激增事件进行了分别统计，图 3-6 展示了新冠疫情和金融危机引发的公共债务激增期间，财政收支平衡的分解结果。

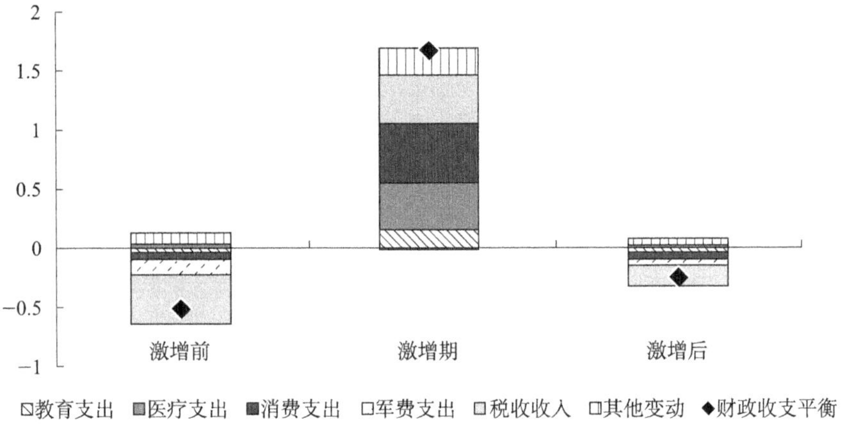

图 3-5　财政收支平衡的分解结果

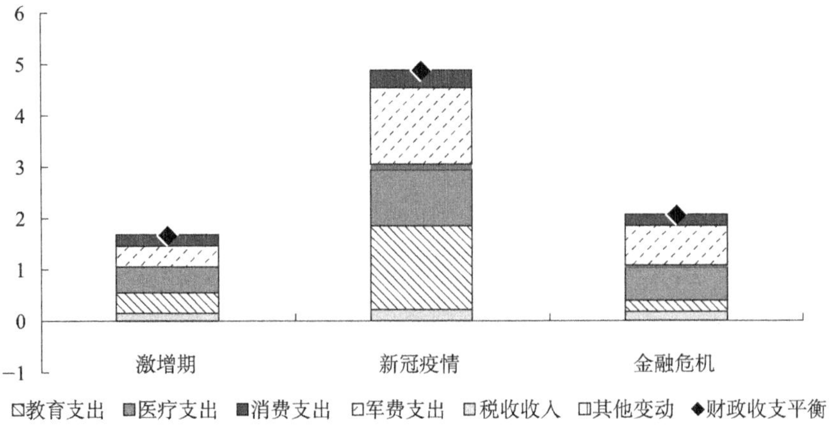

图 3-6　财政收支平衡在新冠疫情和金融危机引发的债务激增期间的分解结果

从图 3－6 的统计结果可以看出，在不同背景的公共债务激增时期，政府财政支出的重心有所不同。以新冠疫情为例，在应对公共卫生危机时，政府的财政支出首先集中投入公共医疗的保障工作中，医疗支出增幅明显高于其他公共债务激增时期，达到了 GDP 的 1.63%。其次才是为应对危机引发的经济衰退而采取的扩张性财政刺激手段，包括税收的减免（税收收入下降 1.49% GDP）和增加对个人与家庭的补助（消费支出的增加 1.08% GDP）。而在金融危机时期，政府的财政政策重心则更倾向于对市场经济的提振，主要通过减免税收（税收收入下降 0.78% GDP）和增加消费支出（0.64% GDP）来刺激经济，为市场注入活力，以达到稳定市场情绪，促进经济恢复增长的目的。

我们将样本分为发达经济体和新兴发展中经济体两组，分别对其财政收支平衡的分解项进行了统计，进而分析经济发展程度的不同对公共债务激增期的财政收支平衡分解结构带来的影响。图 3－7 展示了发达经济体和新兴发展中经济体的财政收支平衡的分解结果差异。从中可以看出，在公共债务激增发生前，发达经济体的财政盈余水平（－1.24% GDP）高于新兴发展中经济体（－0.15% GDP），这主要得益于发达经济体持续增长的税收收入（－0.80% GDP）和军费支出的削减（－0.35% GDP）。这也为发达经济体在公共债务激增期间采取更大规模的财政扩张提供了财政保障。激增期间发达经济体财政收支平衡向赤字的转变，主要驱动因素分别是税收收入减少 1.06% GDP，消费支出增加 0.71% GDP，医疗支出增加 0.59% GDP，教育支出增加 0.36% GDP。新兴发展中经济体的财政收支平衡也从盈余转变为赤字，但赤字的水平相对较低，这可能是受限于新兴发展中经济体较弱的财政能力。而在不同背景下的公共债务激增时期，发达经济体和新兴发展中经济体的财政收支平衡分解结构基本一致，仅在幅度上存在小范围的差异，这意味着在应对不同类型的危机时，不同经济发展程度的经济体采取的财政扩张策略是相似的，差别仅在于财政扩张程度的不同。

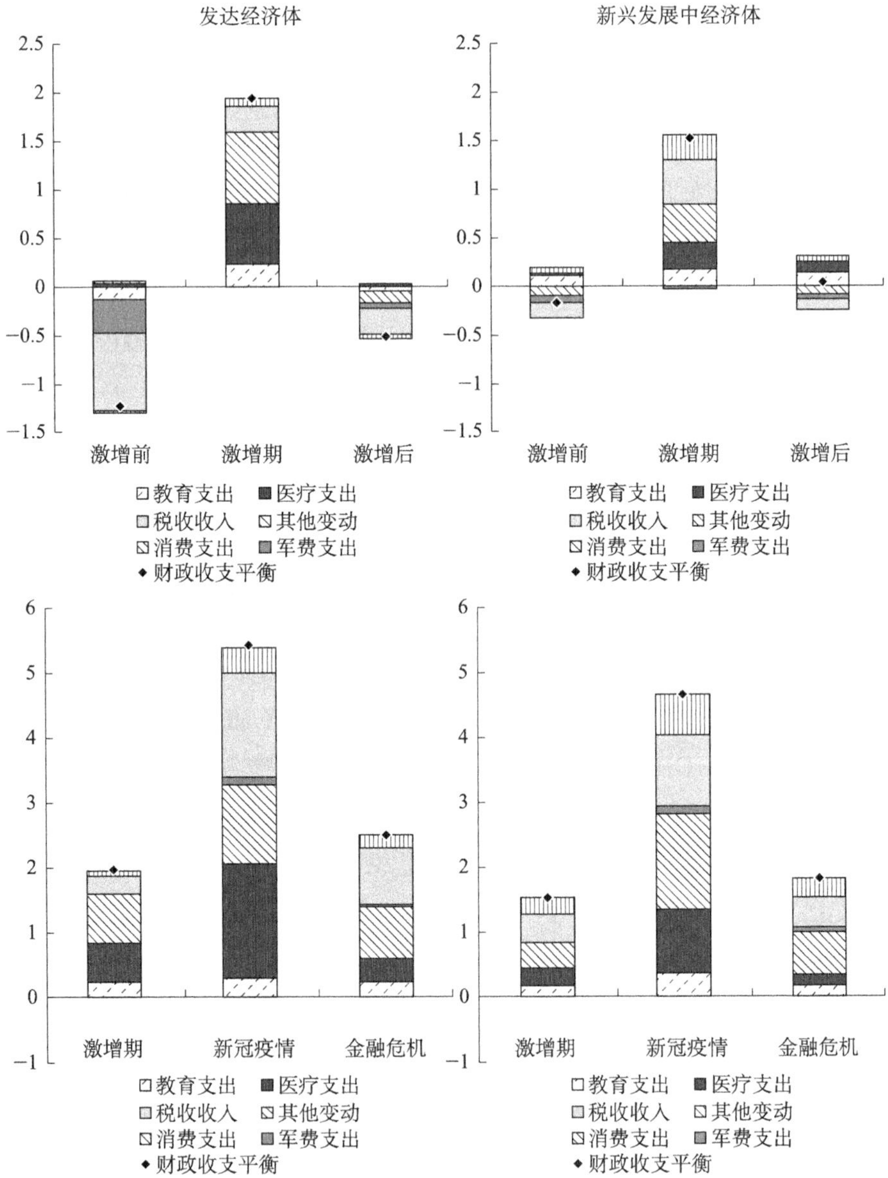

图 3－7　发达经济体和新兴发展中经济体财政收支平衡的分解结果

3.5　本章小结

在第 2 章构建的公共债务激增事件库的基础之上，本章进一步对公共债务激增的主要驱动因素进行了探究。基于公共债务的动态分解方法，本章明确了导致公共债务激增的两个关键驱动因素分别是财政收支平衡由盈余向赤字的转变，以及存量流量调整的大幅增加。而经济增速和通货膨胀的放缓，以及债务付息成本的增加，在公共债务激增期间对债务积累的影响与非激增时期差距甚微，并不是导致债务激增的主要原因。

存量流量调整作为债务变动过程中难以直观解释的部分，本章进一步深入讨论了导致其在激增期间大幅增加的原因。基于欧盟统计局提供的发达经济体存量流量调整分解框架，我们明确了发达经济体在公共债务激增期间导致存量流量调整大幅增加的主要原因是或有债务的发生，而这些或有债务中又以银行业的或有债务为主。而对于新兴发展中经济体而言，由于统计数据的缺失，无法直观地对其公共债务激增期间的存量流量调整进行分解。本章通过构建一个最小二乘线性回归实验，进一步验证了或有债务的发生在新兴发展中经济体的存量流量调整中同样起到关键的影响作用，是其债务激增期间存量流量调整大幅增加的主要驱动因素。

政府财政收支结构的改变是导致公共债务激增期间财政收支平衡转向的根本原因。本章进一步对债务分解中的财政收支平衡项进行了细分，以探究财政收支结构在公共债务激增期间的变化。研究结果表明导致财政收支平衡由盈余转变为赤字的主要原因是政府财政税收的减少和消费支出与医疗支出的增加。而在不同背景下的债务激增背景下，政府财政支出结构的调整会有所差异，应对公共卫生危机时会侧重医疗支出以保障公共医疗体系的稳定，应对金融危机时会侧重消费支出以保障民生和刺激经济复苏。

整体来看，导致公共债务激增的主要驱动因素是政府财政政策的转变。一方面，财政政策由紧缩性向扩张性的转变导致了财政收支平衡由盈余转变为赤字；另一方面，一些有针对性的临时性财政政策的实施，如金融危机时期针对银行业不良资产的收购，以及新冠疫情时期对公共医疗行业的纾困政策，会被计入债务的存量流量调整中，进而导致公共债务激增的发生。由此可见，适度且合理地调整财政政策是避免债务激增发生的关键。此外，在债务激增期间，存量流量调整中依然存在大量的其他债务调整无法被解释，这可能是由于财政预算核算体系的不完善。因此，建立统一的财政预算和公共债务数据统计口径，有助于保障预算数据和公共债务数据的准确性和一致性，从根本上解决存量流量调整的“黑箱”问题，更有助于债务管理的优化。

第 4 章

公共债务激增的经济政策背景分析

公共债务激增往往对应着特殊的经济时期和政策背景，如 2008 年的全球性金融危机和 2019 年底暴发的新冠疫情危机，两者均以迅猛的传播速度和影响力迅速席卷全球，由此引发的全球公共债务激增也同样具备相应的特点。本章以两次典型的公共债务激增为例，重点对比分析了 2008 年金融危机时期和 2019 年新冠疫情危机时期导致公共债务激增的经济政策背景差异，进一步从政策角度对比了两次公共债务激增的驱动因素差异。

4.1 两次公共债务激增的经济背景差异

在面对大规模危机带来的经济下行压力时，通过扩张性的财政手段来刺激经济是世界各国挽救经济颓势的主要方式。这意味着需要大量发行公共债务，才能满足扩张性的财政需求。因此，每次危机的发生往往都对应着公共债务的激增。21 世纪以来，全球共发生过两次大规模危机，第一次是 2008 年由美国次贷危机引发的全球金融危机，而第二次则是新冠疫情引发的全球公共卫生危机，在两次危机都引发了全球规模的公共债务激增。但由于两次危机性质和规模的不同，导致的公共债务激增也各具特点。

4.1.1 两次公共债务激增前的经济衰退程度差异

2008 年金融危机起源于美国房地产行业早年间累积的巨型泡沫，是次贷市场违约带来的金融系统流动性危机，并逐步通过消费和投资等渠道传导至实体经济内部引发的实体经济衰退。且这种影响是以美国等西方国家为核心，依据金融与贸易关联程度逐步扩散至全球，其过程是循序渐进的。而新冠疫情引发的公共卫生危机则不然，其速度之快，仅在短短 6 个月时间就蔓延至全球 200 个国家和地区，且由于此导致的全球性大封锁几乎导致实体经济的停摆，其对经济的打击可谓是全方位的。比尔及梅琳达·盖茨基金会发布的《2020 年目标守卫者报告》称，在经济层面，就全球国内生产总值损失来说，这是自第二次世界大战结束以来最严重的衰退，造成的经济损失是 2008 年全球金融危机的两倍。美国作为 2008 年金融危机的核心国家，遭受了前所未有的打击，金融机构接二连三地陷入困境或破产倒闭，股市暴跌，贸易量急剧萎缩，企业、公司成批遭殃，大量劳动者失业，从金融行业到实体经济的方方面面均损失惨重。但即便如此，金融危机造成的美国经济衰退程度仍不及新冠疫情。从国内生产总值（GDP）的增长率来看（图 4－1），2008 年美国 GDP 增长率从 2% 缩减为 0.1%，2009 年呈现出现经济负增长（－2.6%），连续两年 GDP 增长率下降 4.6%，而 2020 年新冠疫情暴发，美国 GDP 增长率从前年的 2.3% 骤降至－2.8%，仅在一年间就下降了 5.1%。美国前财政部长萨默斯发文称，新冠疫情在美国的大流行将给美国造成约 16 万亿美元的经济损失，而这一数字将是 2008 年经济危机给美国带来的经济损失的 4 倍。对于中国而言，金融危机的影响与新冠疫情相比则更不可同日而语。由于金融危机主要通过进出口贸易和金融行业入侵中国外贸市场和金融市场，其对实体经济的危害随着传导路径的延长而逐渐削弱。即使在金融危机最严峻的 2008 年，中国 GDP 依然保持着 9.7% 的增长率，并在 2009 年后长期稳定 GDP 增长率在 8%

左右。而在新冠疫情暴发的 2020 年，中国 GDP 增长率从 6% 骤减至 2.2%，达到了近 30 年来的最低水平。

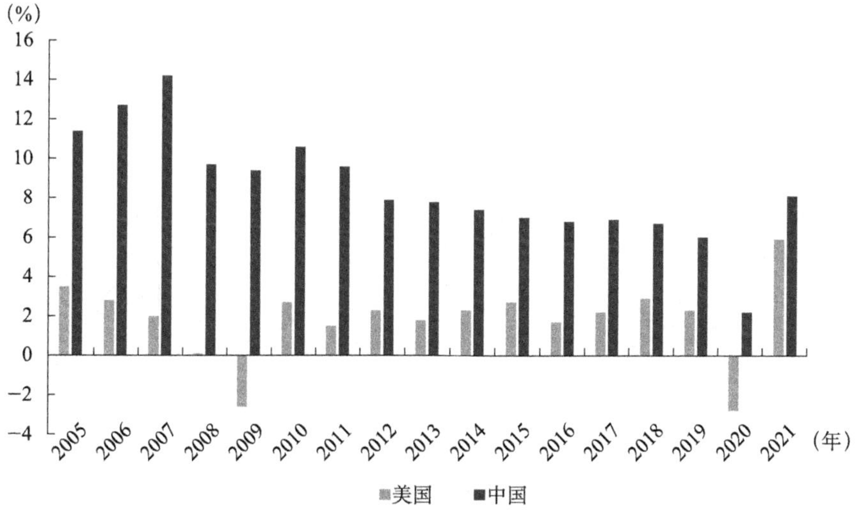

图 4－1　美国和中国国民生产总值增长率对比

除直接的经济损失之外，两次危机引发的经济衰退更表现在对就业的冲击上。据联合国国际劳工组织（ILO）2023 年 1 月 25 日公布的最新研究，新冠病毒疫情在全球范围内造成了 2.55 亿个工作岗位的损失，是 2008 年至 2009 年金融危机期间损失的 4 倍。由图 4－2 可以看出，随着次贷危机爆发，经历了 2008 年的经济衰退，美国失业率由 4.4% 一路攀升至 2009 年的巅峰值 9.9%，这一水平在美国历史上已是极为少见的了。而 2020 年新冠疫情在短短几月时间内就将美国失业率由 3.5% 拉升至 14.9%，涨幅高达 3 倍之多。而中国的实体经济在金融危机期间受到的影响较小，失业率水平也仅上升 0.3 个百分点，但在新冠疫情期间失业率上涨了 1 个百分点，是金融危机期间失业率涨幅的 3 倍。

从 GDP 和失业率水平可以看出，新冠疫情引发的全球经济衰退远超金融危机。而在应对不同规模的经济衰退时，公共债务的激增也表现出明显的规模差异。在金融危机初期，全球公共债务负债率从 2007 年的 61.2% 上涨至 2008 年的 64.1%，随着危机的加深和蔓延，全球公共债务负债率上涨至 2009 年的 74.8%，累计两年公共债务激增幅度为

13.6 个百分点；而在新冠疫情期间，全球公共债务负债率仅在一年时间内就从 2019 年的 84.1% 上涨至 99.8%，涨幅达到 15.7 个百分点。

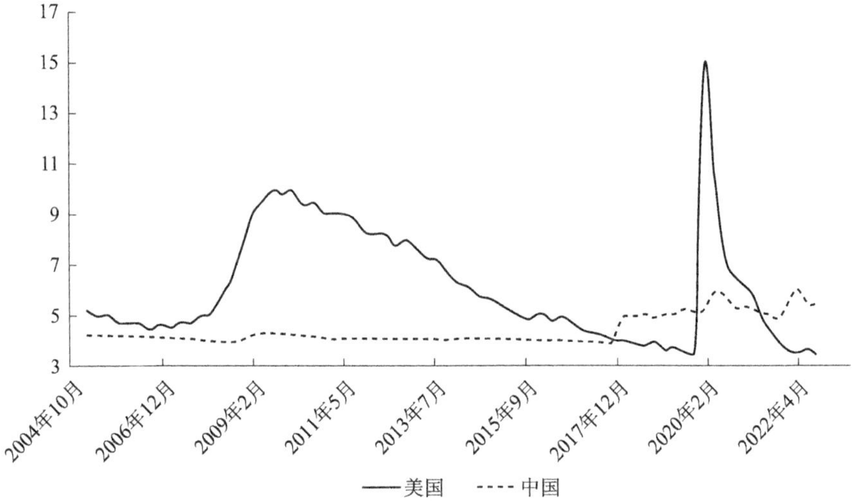

图 4-2 美国和中国失业率对比

4.1.2 两次公共债务激增前的财政空间差异

自 21 世纪以来，全球公共债务始终处于稳定的扩张阶段，但债务可持续理论表明公共债务水平并不能一味地增长，随着政府负债规模的增加，政府偿债压力不断积累会引发主权债务违约风险。Ghosh 在 2013 年提出了“财政空间”理论，其认识到政府仅具备有限的财政调整能力，在政府负债的扩张过程中，会因为政府财政盈余的增速放缓而出现“财政疲劳”的现象。当政府债务水平超过一个临界时，政府财政盈余将无法满足偿债需求，陷入债务危机中。这一临界点被视为公共债务水平上限，而当前公共债务水平与上限之间的距离，被定义为“财政空间”。虽然不同国家由于经济发展水平和政府财政能力不同，所对应的公共债务水平上限也有所不同，但毋庸置疑的是，当前的公共债务水平越高，越会压缩政府的财政空间，限制政府的发债行为。

从表 4-1 中可以看出，在金融危机爆发前，全球公共债务负债率为 61.2%，整体负债率处于相对较低的阶段，其中发达国家公共债务负债率为 71.8%，发展中国家公共债务负债率仅为 35.0%。较为广阔的财政空间为各国实施丰富的扩张性财政政策提供了便利，这也导致了在金融危机过后，大部分国家的公共债务激增并没有掉转车头，而仅仅是放缓了步调，发达国家公共债务负债率从 2010 年的 76.9% 持续攀升到了 2019 年的 84.1%，发展中国家公共债务负债率也从 2010 年的 37.4% 飙升至了 2019 年的 54.2%。负债率上升不断挤压着各国的财政空间，这导致新冠疫情暴发时，财政疲劳现象已经逐步出现。虽然新冠疫情引发了更大规模的经济衰退，但财政空间的限制让各国在短暂地应对完新冠疫情后，只能收紧财政来控制公共债务规模。因此，新冠疫情后全球公共债务负债率出现了回落，从 2020 年的 99.8% 回落至 2021 年的 95.7%，其中发达国家负债率从 124.6% 回落至 119.5%，发展中国家从 64.5% 回落至 64.0%。

表 4-1　　全球主要经济体公共债务负债率变化

	2007 年	2008 年	2009 年	2010 年	2011—2018 年	2019 年	2020 年	2021 年
全球	**61.2**	**64.1**	**74.8**	**76.9**	**80.9**	**84.1**	**99.8**	**95.7**
发达国家	**71.8**	**78.5**	**91.8**	**98.2**	**105.2**	**105.3**	**124.6**	**119.5**
美国	64.6	73.4	86.6	95.1	104.7	108.8	134.5	128.1
欧元区	66.0	69.7	80.4	86.0	92.1	85.8	99.0	97.5
日本	172.8	180.7	198.7	205.7	229.1	236.3	259.4	262.5
英国	43.0	50.7	64.6	75.7	85.2	84.8	103.6	103.8
发展中国家	**35.0**	**32.9**	**38.4**	**37.4**	**43.3**	**54.2**	**64.5**	**64.0**
中国	29.2	27.2	34.6	33.9	42.6	57.2	68.1	71.5
其他国家	36.7	34.7	40.0	38.7	43.7	51.9	61.4	57.6

4.2　两次公共债务激增的财政政策背景差异

财政赤字的债务化是公共债务激增的直接原因，为了支持扩张性的财政政策，政府通过发行公共债务来满足财政预算的收支平衡，导致了公共债务的激增。因此在不同时期，各国采取的财政政策差异会导致各国的公共债务激增表现出不同的特点。本研究以美国和中国为例，详细对比了两次公共债务激增时期两国政府的财政政策差异。

4.2.1 两次公共债务激增时期美国财政政策对比

在金融危机时期，美国国会共出台了三部法案，详细制定了一系列财政政策用以恢复金融市场稳定和挽救实体经济，分别是《一揽子经济刺激法案》（ESA）、《2008 年紧急经济稳定法案》（EESA）和《美国复苏与再投资法案》（ARRA）。这些扩张性的财政政策主要围绕增加财政开支和削减财政税收两个方面展开，在金融危机的治理中发挥了重要作用。在税收削减方面，时任总统布什 2008 年 2 月签署的《经济刺激法案》主要以税收返还为主，即对每个符合标准的成年人给予 600 美元税收返还，对每个符合标准的儿童给予 300 美元的税收返还，这种直接增加居民可支配收入的纾困手段确实起到了较好的效果，也成为美国后续应对危机的主要减税策略，该法案涉及减税总额约为 1680 亿美元，并在 2008 年、2009 年两年内全部落实，其中 2008 年落实 1517 亿美元，2009 年落实 163 亿美元。但伴随着金融危机的愈演愈烈，实体经济的衰退逐渐加深，第一波税收返还已杯水车薪。时隔一年，奥巴马政府 2009 年通过的《美国复苏与再投资法案》进一步扩大了减税规模。该轮税收政策调整则是以税收减免为主，针对个人与家庭减税 2370 亿美元，针对企业减税 510 亿美元，总体减税规模高达 3220 亿美元。在扩大财政支出方面，美国政府财政政策着重从两个角度应对金融危机。一方面致力于维持金融市场稳定、恢复市场正常秩序，2008 年 10 月出台的《紧急经济稳定法案》以此为目标，详细制定了不良资产的救助计划（TARP），拟通过注资、国有化和担保等方式完成对银行不良资产的清理。该计划拟调用 7000 亿美元财政预算，但在 2010 年中旬到期时，共使用财政支出 4295 亿美元。财政支出扩张的另一方面重在刺激实体经济复苏，《美国复苏与再投资法案》中涉及 5178 亿美元的政府支出增加被用于医疗保健、教育、基础设施建设、新能源技术研发以及对低收入工人、失业和退休工人的援助等公共开支与投资。

而在应对新冠疫情时期，由于经济衰退程度相较金融危机更为迅猛，美国国会也迅速出台了多轮财政刺激法案加以应对，预计财政刺激金额总计约 6 万亿美元，总体规模远超金融危机期间。其中包括六个主要法案：《2020 年冠状病毒防范和应对补充拨款法案》（CPRSAA）、《家庭优先冠状病毒应急法案》（FFCRA）、《冠状病毒援助、救济和经济安全法案》（CARES）、《薪资保护计划和医疗保健增强法案》（PPPHCE）、《2020 年新冠肺炎税收减免法案》（CRTR）、《2021 年美国救援计划法案》（ARPA）。在税收削减方面，该轮财政政策更集中于税收返还方面，财政部与税务局共同主持进行了三轮税收返还：其中特朗普政府期间进行了两轮，分别是 CARES 法案为符合条件的成人提供 1200 美元，17 岁以下儿童提供 500 美元，以及 CRTR 法案为每名成人和儿童提供 600 美元。而拜登政府在 ARPA 法案中将税收返还标准提高到了 1400 美元，据统计三轮税收减免总额高达 8400 亿美元。在扩张性支出政策方面，该轮政策则以经济援助为主，主要包括：1. CARES 法案通过设立 1500 亿美元冠状病毒救助基金，美国财政部向各州和符合条件的地方政府付款。2. CARES 法案实施薪资保障计划，向小企业管理局提供 3500 亿美元援助资金，用于向符合条件的小企业提供贷款。3. CARES 法案实施产业救助计划，对航空业、国家安全业、运输服务业提供 630 亿美元援助。4. ARPA 法案批准设立 3500 亿美元州和地方财政恢复基金，帮助州、地方政府抗击疫情并恢复经济。5. ARPA 法案批准向符合条件的地方政府提供 100 亿美元资本项目基金用以改善基础设施。6. ARPA 法案向符合条件的州、领地和部落提供 99.61 亿美元房主援助基金，用于援助抵押贷款、房主保险、水电费等公用事业付款。7. ARPA 法案批准 100 亿美元州小企业信贷计划，为州、领地和部落政府的小企业的信贷支持和投资计划提供资金。8. ARPA 法案实施失业补偿计划，因疫情失业的工人在获得州失业补偿金的基础上，每人每周还能获得额外的 600 美元失业补偿金。9. ARPA 法案实施紧急租房援助计划，向符合条件的房东、公共事业提供者和租房者分发援助，总计 465.5 亿美元。10. ARPA 法案实施紧急资本投资计划，通过支持中低收入社区的金融机构，鼓励其为社区的中小企业和消费者提供更多的贷款、赠款和金融服务。

表 4－2　两次公共债务激增期间美国出台法案涉及财政收支预算　　单位：亿美元

法案名称		财政支出			财政收入			2020 年形成赤字	2021 年形成赤字
		支出总额估计	2020 年支出	2021 年支出	收入总额估计	2020 年收入	2021 年收入		
新冠疫情期间	CPRSAA	54.71	11.51	43.2	0	0	0	11.51	43.2
	FFCRA	965.84	541.19	424.65	－944	－803.57	－140.43	1344.76	565.08
	CARES	11549	9479	2070	－8080	－5680	－2400	15159	4470
	PPPHCE	4771	4344	427	0	0	0	4344	427
	CRTR	0	0	0	－8441.62	－2746.54	－5695.08	2746.54	5695.08
	APRA	10881.08	0	10881.08	－755.17	0	－755.17	0	11636.25
	总计	**28221.63**	**14375.7**	**13845.93**	**－18220.79**	**－9230.11**	**－8990.68**	**23605.81**	**22836.61**
金融危机期间	ESA	0	–	–	－1680	–	–	–	–
	EESA	5178	–	–	－3220	–	–	–	–
	ARRA	4295	–	–	0	–	–	–	–
	FSP	15000	–	–		–	–	–	–
	总计	**24473**	–	–	**－4900**	–	–	–	–

表 4－2 展示了两次危机期间美国国会通过的主要经济刺激法案及其预算，从中不难看出，在体量上，应对新冠疫情期间的财政刺激规模远大于金融危机期间。并且在政策的侧重点上也有明显差异，由于金融危机的性质是次贷市场违约带来的金融机构的流动性危机，并逐步蔓延成金融系统性风险，因此，美国财政政策的重点主要是对银行业和系统重要性金融机构进行救助。政策对金融企业的支出占总支出的四成，剩余资金更多被用于长期的经济投资，只有少部分被用于直接退税等短期的经济纾困。因此在金融危机期间，美国的公共债务呈现短期内的激增，是为了满足金融危机初期政府需要大量资金援助金融企业，而长期呈现的稳定增长则与长期的经济刺激计划相匹配。而 2020 年的新冠疫情危机则主要是因为全面封控带来的实体经济全面停摆。因此，财政政策的支持重点是应对社交隔离对居民和非金融企业的冲击，对其进行纾困和救助，而这种救助在新冠疫情过渡到稳定阶段后也逐步退出，这也

与新冠疫情期间美国公共债务负债率短期内剧烈增长，而随后逐渐回落的趋势相匹配。

4.2.2 两次公共债务激增时期中国财政政策对比

与美国不同，中国所受金融危机影响更多来自进出口贸易与金融市场，并且金融体系并未出现大规模崩盘，因此中国的财政政策思路是以“保增长、扩内需”为指导方针的。在税收方面，推行全面的结构性税制改革，以建立更加科学公平的税收环境，促进中小企业发展。而在财政支出方面，则大力推行“四万亿”财政支出刺激计划，投资内容包括：1. 以保障性住房为主的民生工程，主要包括廉租房、林区、垦区、煤矿棚户区改造，投资规模约 3700 亿元。2. 铁路、公路、机场、水利等基础设施建设，投资规模约 15000 亿元。3. 教育、卫生、文华、计划生育等社会事业的公共投入，投资规模约 1500 亿元。4. 节能减排与生态工程投入，投资规模约 2100 亿元。5. 技术改造与科技创新类投入，投资规模约 3700 亿元。6. 汶川大地震重点灾区的灾后重建工作，投资规模约 10000 亿元。这一大规模公共投资在短期内确实稳定了经济增长，但也引发了较大规模的通货膨胀，使中国通货膨胀率在金融危机后一路走高，在 2011 年中旬一度达到 6.5%，直到 2012 年中旬才恢复到 2% 左右的正常水平。

而在新冠疫情期间，中国应对疫情冲击的财政政策思路与金融危机期间有了明显不同，吸取了金融危机期间大规模财政刺激引发通胀的教训，此次财政调整将重点放在了更全面的税收优惠上，而支出政策则以保障基本民生的纾困政策为主，避免了大规模的财政刺激行为。财政政策指导方针也从稳就业、稳金融、稳外贸、稳外资、稳投资、稳预期的“六稳”方针转变为保居民就业、保基本民生、保市场主体、保粮食能源安全、保产业链供应链稳定、保基层运转的“六保”方针。在税收优惠政策方面，实施阶段性大规模减税降费，具体措施包括：1. 对小微企业和个体工商户减免增值税。对湖北省增值税小规模纳税人适用 3% 征收率的应税销售收入，免征增值税；其他地区增值税小规模纳税人适用 3% 征收率的应税销售收入，减按 1% 征收率征收增值税。2. 对受疫情影响较大的行业企业给予税费减免。受疫情影响较大的困难行业企业2020年度发生的亏损，最长结转年限由5年延长至8年。困难行业企业，包括交通运输、餐饮、住宿、旅游四大类；各省（区、市）对受疫情影响较大行业企业给予房产税、城镇土地使用税困难减免。3. 对防疫补助收入免征个人所得税。对参加疫情防治工作的医务人员和防疫工作者，按照政府规定标准取得的临时性工作补助和奖金，以及单位发给个人用于预防的药品、医疗用品和防护用品等实物，不计入工资、薪金收入，免征个人所得税。4. 扩大汽车消费的税收政策。对二手车经销企业销售旧车，减按销售额0.5%征收增值税。将2020年底到期的新能源汽车免征车辆购置税政策，延长2年。5. 阶段性减免企业社保费、缓缴住房公积金。减免各类企业缴纳的养老、失业、工伤三项社保费上半年达6000亿元，实施失业保险稳岗返还政策惠及8400多万职工；受新冠肺炎疫情影响的企业，可按规定申请在2020年6月30日前缓缴住房公积金。6. 免收公路通行费，疫情后免收全国收费公路车辆通行费1400亿元。7. 降低企业电价气价。降低除高耗能行业用户外的其他企业用户用电价格5%，实施支持性两部制电价政策，提前执行淡季天然气价格政策。为企业减负670亿元。政策整体是对受冲击最直接且量大面广的中小微企业和个体工商户进行纾困，在2020年全年税费减免超过2.6万亿元。而在财政支出方面，取代金融危机期间的大规模财政刺激，使用精准的纾困支出，增加向地方政府的转移支付，以保障地方政府做好疫情防控和保基本民生、保工资、保运转的工作。

表4-3　中国财政收支与财政收支增幅

	2007年	2008年	2009年	2010年	2011年	2018年	2019年	2020年	2021年	2022年
财政收入（万亿元）	5.13	6.13	6.85	8.31	10.39	18.34	19.04	18.29	20.26	20.37
财政支出（万亿元）	4.98	6.26	7.63	8.99	10.92	22.09	23.89	24.57	24.57	26.06
财政收入增幅（%）	32.4	19.5	11.7	21.3	25	6.2	3.8	-3.9	10.7	0.6
财政支出增幅（%）	23.2	25.7	21.9	17.8	21.6	8.7	8.1	2.9	0	6.1

从中国在金融危机时期与新冠疫情时期的财政收支状况（表 4-5）可以看出，在金融危机期间，中国以扩张财政支出为主，以大规模财政支出主导公共投资，以刺激经济增长，从 2007 年到 2011 年，财政支出保持每年超过 15% 的增长幅度不断扩张，而财政收入方面的增加并不能补足财政收支的平衡，因此，与美国相似，中国公共债务在该阶段的激增特点是在短暂的快速增长后进入长期的稳定增长阶段。而在新冠疫情期间，中国的财政策略以税收端的减免为主，大规模的减税降费使中国财政收入在 2020 年首次出现下降趋势，同时财政支出扩张速度减慢，以适应经济增速放缓的步调。但由于疫情持续时长的不同，以及应对疫情的态度不同，中国的疫情防控持续到 2022 年底才逐步解除，因此在缓解疫情冲击的财政政策持续更长的情况下，中国公共债务负债率在疫情之初的短暂激增 10.9% 后，并没有像美国出现负债率回落的情况，而是保持了继续的增长。

4.3　两次公共债务激增的货币政策背景差异

利率决定了公共债务的发行成本，倡导低利率的货币政策会为政府发行公共债务提供便利环境，支持政府通过加杠杆的方式推动经济复苏，因此，货币政策创造出的利率环境会左右公共债务激增的长期趋势，是影响公共债务激增关键因素。本研究同样以美国和中国为例，详细对比了两次公共债务激增时期两国政府的货币政策差异。

4.3.1　两次公共债务激增时期美国货币政策对比

在金融危机时期，美联储采用了降息、降准、降贴现率等常规货币政策。2007—2008 年美联储共进行 10 次降息，利率共下调 500 余点，降低至 0—0.25%，这是美国首次进入零利率时代，这一零利率的货币政策直到 2015 年第四季度才结束。同时，存款准备金率和超额存款准备金率也被下调至 0.25% 的低位，贴现率也从 6.25% 降至 0.5%。但由于金融危机重点破坏了金融市场流动性，所以常规手段的货币政策收效甚微。在利率传导机制受阻的情况下，为更进一步提升金融市场流动性，美联储于2008年11月25日开始推行量化宽松（QE）这一非常规货币政策，该政策在金融危机后的四年间共实施了4轮：1. 2008年11月25日，第一轮量化宽松政策，计划购买1000亿美元的联邦机构和政府支持企业（Government-sponsored Enterprise，GSE）债务和5000亿美元的机构抵押贷款支持证券（Mortgage-backed Securities，MBS）。2009年3月将购买范围扩大到包括额外的7500亿美元的机构MBS，1000亿美元的GSE债务和3000亿美元的长期国债。2. 2010年8月10日，第二轮量化宽松政策，购买6000亿美元的长期美国国债。3. 2012年9月13日，第三轮量化宽松政策，计划每月购买400亿美元MBS。4. 2012年12月12日，第四轮量化宽松政策，计划每月购买450亿美元长期国债，第三、第四轮量化宽松政策直至2014年10月才逐步终止。长期的低利率政策搭配量化宽松旨在为美国金融市场注入流动性，但从美国私人信贷的变化水平来看（图4－3），金融行业在此次危机中遭受的冲击依然没有得到很好的缓解，美国私人信贷与GDP的比率自金融危机后一路下挫至2013年211.6%的最低点，且始终没能恢复到金融危机前的水平。居民部门、非金融企业部门风险持续，金融市场长期处于剧烈的“去杠杆”阶段。一方面，长期的低利率状态为政府通过发行公债融资提供了便利，另一方面，为避免经济衰退，市场需要政府部门通过加杠杆的方式弥补总需求缺口和资金缺口，为市场注入信心，阻止悲观情绪蔓延，因此，在货币政策两方面的作用下，美国公共债务在经历了金融危机初期的短暂激增后，长期依然保持了扩张态势。

但新冠疫情时期，美国的货币政策则表现出明显差异，同样常规低利率政策先行，非常规的量化宽松政策紧随其后，但由于政策体量上的差异与金融市场不同的发展状态，导致了金融市场出现了与金融危机时期完全不同的反馈。在疫情暴发之初，美联储迅速做出响应，仅在2020年3月3—15日进行了两次降息，就将利率下调至0—0.25%，重回金融危机时期水平，同时开展了第一轮量化宽松政策，计划购买5000亿美元长期国债和2000亿美元MBS。并将联储持有到期的机构债

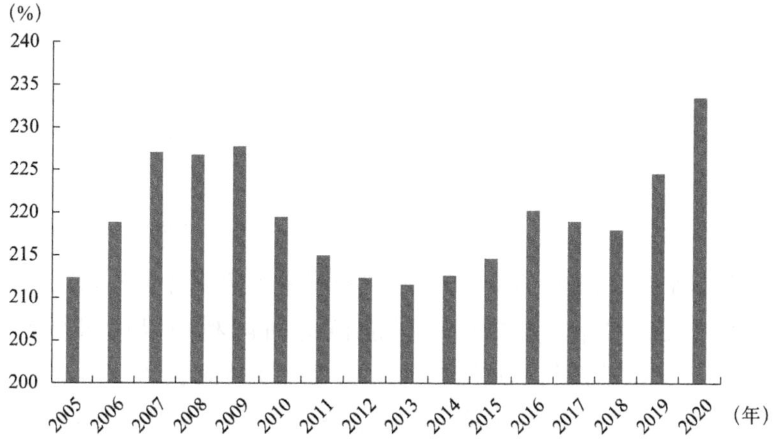

图 4－3　美国私人信贷占 GDP 比率

务和 MBS 本金重新投资于 MBS 中。但在随后的 3 月 23 日，美联储就推出了无限量量化宽松政策。这一量化宽松政策的力度之大，从美联储资产负债表的扩张中可以看出（图 4－4），在金融危机后的 5 年间，美联储持续四轮的量化宽松政策使美联储资产负债规模扩张近 3.6 万亿美元，而新冠疫情期间的量化宽松政策仅在短短 3 个月内就使美联储资产负债规模扩张近 3 万亿美元，由此可见新冠疫情期间的量化宽松政策在体量上远超金融危机时期，是美联储对市场流动性下的一剂猛药。

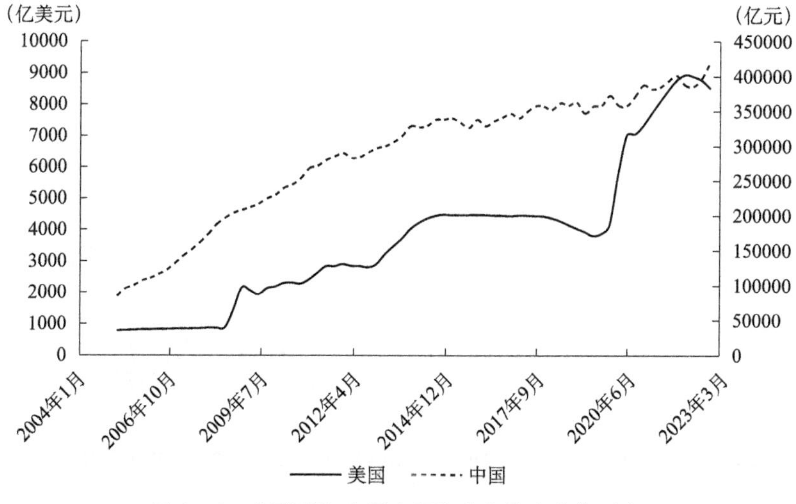

图 4－4　美联储和中国央行资产负债表变化对比

无限量量化宽松这一剂猛药迅速引起了金融市场的反馈，大量资金的注入导致了市场流动性迅速恢复，而且新冠疫情中金融行业本就不像金融危机期间是重灾区，居民和非金融部门杠杆率迅速回升，美国私人信贷与 GDP 比率从疫情前的224.6%飙升至2020年的233.5%，货币供应量也在量化宽松后表现出短期内的快速上涨（图4－5），这一现象在金融危机时期的多轮量化宽松中都没有出现。货币供应量攀升的影响迅速反映在通胀水平上（图4－6），美国通货膨胀率迅速飙升至8.7%，达到了近20年的最高水平，美联储也只能被迫回调利率以应对恶性通胀（图4－7），此次的低利率政策与金融危机时期持续长达7年之久不同，仅持续了不足两年就迅速反弹并超越了疫情前的利率水平。利率回调大大增加了公共债务的融资成本，进一步恶化了公共债务带来的财政压力。这导致了新冠疫情后，美国公共债务经历短暂激增后呈现出回落的态势。

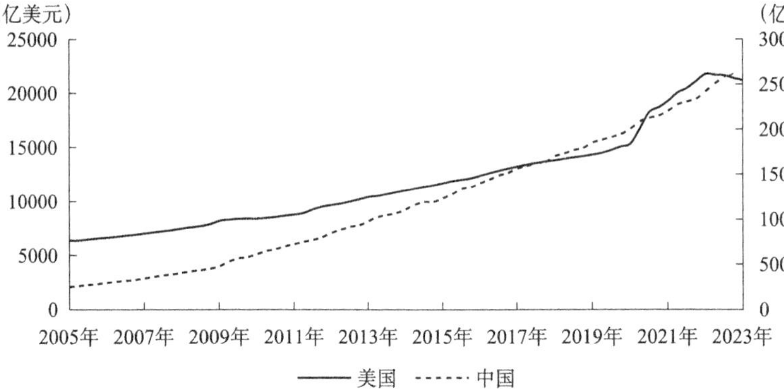

图4－5　美国和中国货币供应量 M2 对比

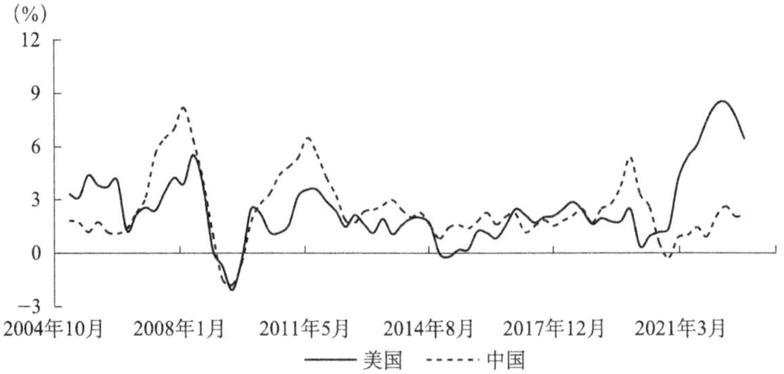

图4－6　美国和中国通货膨胀率对比

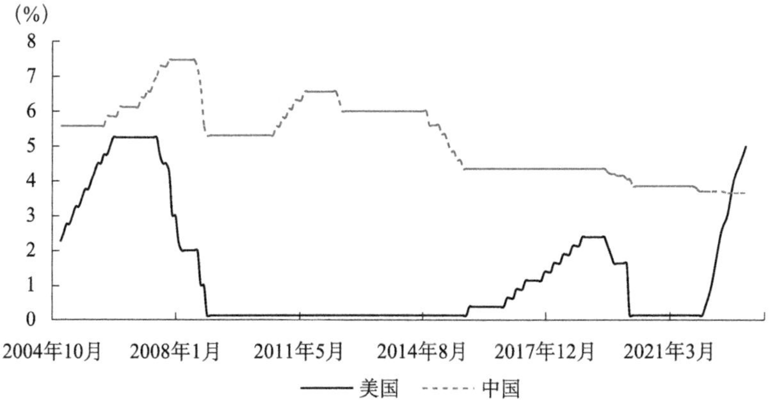

图 4 -7　美国和中国利率水平对比

4. 3. 2　两次公共债务激增时期中国货币政策对比

中国央行除了直接对利率做出调整外，最常用的三大货币政策工具为存款准备金率、公开市场操作和再贷款再贴现。因为金融危机时期和新冠疫情时期，中国的存贷款利率都处于正常水平，并未像美国出现零利率导致利率传导机制受阻的情况，因此中国尚未采用过如量化宽松等非常规货币政策。在金融危机期间主要采用的货币政策包括：1. 降息，2008 年五次下调存款基准利率，一年期存款基准利率累计下降 1. 89% 。下调贷款基准利率，2008 年累计下调 2. 16% 。2. 降准，存款准备金率从 17. 5% 下调至 15. 5% ，超额存款准备金率从 0. 99% 下调至 0. 72% 。3. 再贷款再贴现，一年期流动性在贷款利率下调 0. 27% 。农村信用社再贷款利率下调 0. 54% ，再贴现利率下调 1. 17% 。4. 公开市场操作，购入外汇，2008 年增持美国国债 2186 亿美元。除此之外，央行还通过调增全国商业银行信贷规模和劳动密集型中小企业小额贷款额度的流动性工具对市场流动性进行了提振。

而在新冠疫情期间，中国金融体系更加完善，公开市场操作行为也不像金融危机期间主要依赖外汇购买，而是更多采用逆回购的方式，此外，更多的市场流动性工具被开发与应用（如开展中期借贷便利 MLF)，这使得在新冠疫情期间，除了与金融危机期间相似的操作外，央行开展了约 18000 万亿 MLF 增量，为市场提供了充分的流动性。稳定的货币政策和金融市场环境，为中国公共债务的积累提供了便利，使得中国公共债务水平并未像美国一样在新冠疫情后有明显的回落，而是始终保持增长，为中国落实疫情后期的防控措施和税收优惠政策提供了财政保障。

4.4 本章小结

本章深入对比分析了2008年全球金融危机和2019年底暴发的新冠疫情危机下公共债务激增的经济政策背景，重点比较了两次危机的经济背景差异、财政政策背景差异以及货币政策背景差异。本章通过详细的政策梳理和数据对比，从政策角度进一步揭示了公共债务激增的驱动因素及其影响，并在此基础上提出了针对性的政策建议。

在经济背景方面，两次危机均引发了全球范围内的公共债务激增，但新冠疫情导致的经济衰退远超金融危机。以美国和中国为例，新冠疫情期间的经济衰退程度和失业率均显著高于金融危机时期。面对危机，各国普遍采取了扩张性的财政政策和货币政策来刺激经济。然而，由于新冠疫情对经济的冲击更为直接和全面，政策响应力度和政策工具的运用也更加激进和多样。

在财政政策背景方面，金融危机期间的财政政策主要围绕救助金融系统和刺激长期投资展开，通过税收返还和减税措施增加居民可支配收入，同时加大基础设施建设等公共投资。而面对新冠疫情的冲击，财政政策更侧重于纾困和救助，直接向受疫情影响的企业和个人提供资金支持和税收减免，同时注重保障基本民生和稳定市场预期。由于两次公共债务激增的财政政策实施力度和涉及领域的不同，也进一步导致了两次公共债务激增在规模和影响上存在差异。

在货币政策背景方面，在金融危机期间，主要经济体普遍采取了降息和量化宽松等非常规货币政策措施，以缓解金融市场流动性紧张和支持经济复苏。而在新冠疫情期间，货币政策响应更加迅速和激进，不仅迅速降息至零利率水平，而且实施了更大规模的量化宽松政策，以直接向市场注入流动性，稳定金融市场和提振信心。货币政策背景的不同也会使公共债务激增的影响在金融市场的传播表现出差异。

由此可见，在公共债务激增时期，加强财政和货币政策的协调配合是政策制定者需要着重考虑的，财政政策和货币政策应相互配合，形成合力。财政政策应更加注重短期纾困和长期结构调整，货币政策则应保持适当的流动性支持，促进经济复苏和稳定。

第 5 章

公共债务激增对宏观经济的影响

公共债务激增在世界各地频发，其对宏观经济金融环境的影响潜藏在复杂的经济波动中。如何在复杂的经济系统中定量刻画公共债务激增的影响，依然是一个悬而未决的问题。债务激增通常发生在经济的衰退期，扩张期的债务激增是否也存在类似的效应，激增的影响是否在经济的衰退和扩张阶段存在非对称性？现有研究更多地讨论公共债务积压问题，如果在债务积压的同时发生债务激增，是否会加剧其影响？本章聚焦于公共债务激增影响的定量分析，对上述问题进行了更进一步的讨论。本章的主要工作如下：构建了一个基于局部投影方法的脉冲响应分析模型，用以定量测算公共债务激增在经济衰退期和扩张期对宏观经济相关变量的影响；同时考虑了公共债务积压的影响，进一步探究了公共债务激增与债务积压是否存在协同效应；对发达经济体和新兴发展中经济体样本进行分组建模，对比分析了经济发展阶段的不同带来的激增影响差异。

5.1　引言

在第 4 章中，我们对公共债务激增案例进行了讨论。正如统计结果中呈现的，公共债务作为政府财政政策的一种，它的激增通常发生在经济衰退时期或突发危机事件之后。在危机和衰退的背景下，经济、金融环境的变化并不能完全归因于公共债务的激增，如何将公共债务激增带来的影响从危机和衰退后复杂的经济形势中剥离出来，是本章需要解决的第一个重要难题。

公共债务激增的影响通常以两种形式传递。一方面，通过激增的债务，政府短期内获得了额外的融资，可以支持政府采取更激进的财政扩张政策，增加政府财政支出或进行税收减免，起到对经济的宏观调控作用；另一方面，大量政府债券涌入市场，会引起金融市场的波动。而这两方面的影响如何传播，与激增发生时的经济形势有重要的联系。大量研究证实了财政乘数的大小与经济发展趋势有关，在经济衰退期政府财政支出拥有更大的乘数，而在经济扩张期，政府财政乘数较小[38]-[40]。而金融市场在经济扩张期与衰退期也存在金融稳定性上的差异。这意味着公共债务激增的影响在经济扩张期与衰退期很可能存在非对称的结构。如何验证这种非对称性的存在，是本章需要解决的第二个重要难题。

公共债务可持续性理论强调了政府的公共债务水平需要满足基础财政盈余的跨期动态约束，这致使学者们对政府公共债务的积压问题十分关注。大量研究对不同发展程度的经济体的公共债务上限进行了测算，发现发达经济体的债务上限明显高于发展中经济体[41],[42]。同样，公共债务激增的影响在不同的经济发展程度和不同的公共债务积压状态下也可能存在差异。本研究针对上述难题，采用了局部投影方法，通过累积脉冲响应的计算将公共债务激增对宏观经济、金融、财政变量的影响进行刻画，并从不同的经济发展阶段（衰退或扩张）、不同的公共债务积压水平（高负债率或低负债率）、不同国家发展阶段（发达或发展中）等角度对公共债务激增的影响进行了对比分析。

本章后面的内容安排如下：5.2 节综述了现有研究中对公共债务的宏观经济影响的相关讨论；5.3 节详细介绍了基于局部投影方法的脉冲响应分析模型的构建过程；5.4 节对模型试验结果进行了展示和讨论；5.5 节对本章进行了总结，并针对实证结果提出了相应的政策建议。

5.2 公共债务的宏观经济影响研究综述

对公共债务宏观经济影响的研究源远流长，其历史可以追溯至 20 世纪 50 年代。随着时间的推移，不同的经济学派围绕公共债务问题逐渐形成了各自独特的见解，进而构建了一系列深入而丰富的公共债务理论。作为政府关键的融资渠道，公共债务在支持各类财政政策方面发挥着举足轻重的作用，这些政策能够直接对市场进行调控，从而实现宏观经济的有效管理。目前针对公共债务的宏观经济效应研究通常着重讨论三个问题，即公共债务对经济增长的影响、公共债务对消费的影响、公共债务对投资的影响。

5.2.1 公共债务与经济增长

对于公共债务与经济增长关系的研究大致经历了四个阶段。第一阶段的观点是公共债务会抑制国家经济的增长，同经济周期存在逆周期的结构。古典学派以 Adam Smith 为代表，他们认为公共债务具有非生产性，政府举债将加重国家经济及人民的负担，并可能引发国家的债务风险，从而阻碍生产力的发展[43]。第二阶段的观点是公共债务对国家经济增长具有促进作用，同经济周期存在顺周期结构。以凯恩斯学派为代表，认为政府公共债务增加会降低税收，通过提高居民可支配收入来增加对总需求的刺激作用[44]-[46]。第三阶段的观点则保持中立，典型代表是以 Buchanan 为代表的公共选择学派，他们认为公共债务对经济增长的影响是中性的，基于在无限期限以及总付税的假设下。最后一阶段的观点则认为公共债务对经济增长的影响形式并非简单的促进或抑制，而是一种非线性的影响关系。Reinhart 和 Rogoff 利用 44 个发达国家样本，深入研究了发达国家公共债务和经济增长的关系，研究表明当公共债务负担率大于 90% 时，公共债务对经济增长起到抑制作用，而该比率小于这一界限时，公共债务和经济增长之间也并未体现出负相关关系[47]。此后，诸多学者在 Reinhart 和 Rogoff 的基础上就公共债务与经济增长的非线性关系进行实证检验，由于采用的方法和技术处理不同，得出的结论存在一定差异，但总体上债务对经济增长的非线性影响关系是成立的[48]-[54]。

对于这种非线性影响的成因，有学者认为这取决于公共债务规模。Krugman 在研究发展中国家债务问题时最先提出政府债务与经济增长之间存在更为复杂的非线性关系的观点[55]。高公共债务降低了生产性公共支出对促进经济增长的有效性，低公共债务则使政府拥有了更宽泛的发债空间，可以推行更多宏观经济政策以刺激经济增长[56]-[60]。

也有学者认为公共债务对经济增长的影响存在长短期差异。Elmendorf 和 Mankiw（1999）认为，短期内总产出是由总需求决定的，高债务比率对总产出增长具有促进作用，举债对可支配收入、总需求都有正面影响，且在非充分就业条件下举债的短期正面影响会更大；而从长期来看，如果李嘉图等价无效，高预算赤字导致公共储蓄减少，而私人储蓄不足以对此进行完全的补偿，因此高债务比率导致了国民储蓄减少进而使投资降低[44]。投资降低引致资本存量增长放缓，从而经济增长也相应下降，同时伴随着高利率和低工资。邓晓兰等人以中国数据进行的实证检验表明，长期低水平的基本赤字对经济增长产生较强的促进作用，且其经济增长效应与公共债务水平呈倒 U 型关系[61]。而李刚等人的研究则反对上述观点，其采用 panel data 模型分析了 OECD 中 19 个主要国家，研究结果表明，对经济增长贡献最大的因素是劳动和资本，公共债务对经济增长没有显著的影响，也不存在滞后效应[62]。

还有学者认为公共债务对经济增长的影响与公共债务资金的用途等有关。Semmler 结合三部门经济体系，通过数理推导得出：若公共债务的发行是以满足较高的公共消费和转移支付支出为目的，则其不利于经济发展；若公共债务的发行是以增加基础设施等公共资本的投资和积累，则其会通过提高私人资本效率，从而提高私人资本的边际产量，进而对经济发展产生正向影响[63]。Alesina 等人、Fotiou、李建强等学者从财政乘数的角度讨论了当发行公债的筹集资金流向公共消费、公共投资、转移支付等不同渠道时，会带来不同的经济效应。流向转移支付最符合再分配的原则[64]-[66]。

5.2.2 公共债务与消费

在公共债务对私人消费的影响方面，“凯恩斯主义”和“李嘉图主义”提出了对立的观点，其主要区别在于居民对政府发债带来的财富增加预期的判断。此后，西方学者们就公共债务对私人消费影响的研究主要围绕对这两大理论体系的验证展开，并纷纷采用各种经济计量方法对其进行实证检验，而所得结论各异。

有的学者支持“李嘉图主义”，即认为公共债务不会影响私人消费。如 Aschauer 理论研究了在多期跨期预算约束条件下李嘉图等价定理成立的情况，政府支出降低了私人的最大消费水平，在政府支出不变的条件下，公共债务对税收的替代对私人消费的跨期预算约束并没有产生影响，即李嘉图等价定理成立[67]。而与上述观点不同，还有部分学者是支持“凯恩斯主义”的，即认为公共债务能够刺激私人消费，Feldstein 应用美国数据对此进行实证研究，研究结果显示债券和税收系数不显著，转移支付系数显著，再以收入和税收的滞后项为工具变量克服变量间可能的共生性影响，重新估计的结果不变，这表明李嘉图等价定理在美国不成立[68]。

也有部分学者认为公共债务水平会通过影响财政政策实施效果进而影响私人消费。Sutherland 结合有限期界的消费者模型，首次从理论上阐述财政政策对消费的宏观效应与政府债务水平密切相关，当政府发行较大规模的公共债务，由于代表性消费者对未来税负增加的预期而使得财政政策对消费产生了“收缩效应”[69]。Sutherland 的这一理论观点分别在 Mukherjee 和 Bhattacharya、Bhattacharya、Berben 和 Brosens 等的实证分析中得到了支持[70]-[72]。其中，Bhattacharya 在对奥地利、法国和日本等 12 个 OECD 国家的实证研究中发现，政府债务规模与居民消费倾向存在负相关关系，随着政府债务规模的增加，居民的消费倾向逐步下降[71]；Berben 和 Brosens 在面板协整框架中对 17 个 OECD 国家进行非线性研究，分析结果表明在具有较小规模政府债务的国家中，政府债务与私人消费并无显著相关关系，而当政府发行较大规模的公共债务时，债务将对私人消费产生负效应影响，并得出较大的债务规模将削弱财政政策宏观调控有效性的重要结论[72]。Mukherjee 和 Bhattacharya 对 18 个 OECD 国家的政府债务规模、私人消费与政府消费关系展开深入研究，实证分析结果表明随着政府债务规模的增加，理性个人的消费行为由“非李嘉图”方式向“李嘉图”方式转变，即随着债务规模的不断扩大，较高的债务水平引发了理性个人对未来税负增加的预期，并导致预期持久性收入下降而减少了现期消费[70]。

国内关于公共债务与私人消费的研究也基本围绕着对李嘉图等价定理的验证展开，多数学者得出了李嘉图等价定理在中国不适用的结论[73],[74]，并认为凯恩斯主义可能更适合我国国情，国债可以作为需求管理的政策工具[75],[76]。在实证研究方面，尹恒和叶海云运用中国宏观经济数据，分别检验了“凯恩斯主义”和“李嘉图主义”的政府债务观，识别出在中国政府债务影响居民消费的基本事实[77]。研究表明，在中国“凯恩斯主义”的政府债务观更能贴近现实，政府债务的增加能够促进居民消费增长。居民视其持有的政府债券为净财富，并且基本上没有感受到政府债务增加对未来税收负担的影响。刘成奎和王朝才通过对我国居民消费、资本形成总额与国债余额的实证分析同样得出李嘉图等价定理在我国不成立的结论[78]。当然，也有一些学者认为公共债务对私人消费的影响并非完全是凯恩斯主义的。杨东亮和陈守东通过多种技术手段对此进行实证检验，结果发现在存在预期的情况下，李嘉图等价定理在中国是渐进成立的[79]。任会和范金采用可变参数模型，对 1984—2007 年中国国债发行对居民消费的影响进行实证检验发现，农村居民消费受国债影响的变动幅度小于城镇居民；国债发行和流通制度的完善与市场繁荣程度是影响国债对城镇居民净效应方向和大小的直接原因，且国债只有用于生产性投资而不是非生产性消费支出时才能刺激农村居民消费水平提升[80]。李心愉等运用 VAR 模型、Johansen 协整检验、格兰杰因果关系检验、脉冲响应函数等方法建立数理模型，采用 1988—2010 年的数据对我国政府债务对居民消费行为的影响及可能的原因进行研究，认为政府债务对居民消费的影响并不完全是凯恩斯主义的，而是短期内挤入、长期内挤出的[81]。杨毅通过建立 VEC 模型实证检验李嘉图等价定理，研究结果表明：从短期来看，国债余额对居民消费具有促进作用；从长期来看，国债的发行对于消费具有抑制作用[82]。张屹山等采用基于状态空间方程的可变参数模型对我国 1981—2011 年的国债发行对城乡居民消费影响的动态弹性进行了实证检验。结果表明：我国国债发行对于农村居民消费的影响不显著。对于城镇居民而言，长期来看国债发行对其有正向的引致效应；但从短期看，国债发行量的迅速增加对城镇居民消费支出产生了一定的负向替代效应。弹性系数的变化趋势表明，我国国债发行对于城镇居民消费的影响程度不大且出现阶段性减小的趋势[83]。

5.2.3 公共债务与投资

大量学者对公共债务对私人投资的影响效应进行了实证研究，但结论却存在很大差异。部分学者认为公共债务对私人投资存在挤出效应，政府的债务融资活动，或将由公共债务融资所形成的公共资本用于公共投资或财政支出时，会通过资金竞争或抬高利率等途径直接或间接地影响私人投资。比较有代表性的研究有：Ahmed 和 Stephen 结合融资方式研究了政府的不同支出项目占 GDP 的比重对投资占 GDP 比重的影响，并得出结论，如果将政府支出项目分解为国防支出、教育支出、社会保障福利支出、经济事务支出、交通通信支出、进出口等项目，在债务与税收两种融资方式下，只有交通通信支出与进出口项目能够引致投资，而社会保障福利等方面的支出，无论在发达国家还是在发展中国家都会造成挤出效应[84]。Voss 根据美国和加拿大 1947—1996 年的季度数据，运用向量自回归方法研究公共投资与私人投资的关系，发现这两个国家都不存在因公共投资与私人投资的互补而产生的挤入效应，政府债务和公共投资的增加一般会挤出私人投资[85]。我国学者尹恒得出结论：政府债务对私人投资率存在明显的挤出效应，在控制了投资文献中识别出的影响私人投资率的变量后，发现公共债务负担率较高的国家，私人投资率较低[86]。考虑了公共债务负担率的二阶项和方差后，发现公共债务负担率对私人投资率的影响呈现出一定的非线性，政府债务的波动对私人投资也存在显著的消极影响。谢子远利用格兰杰因果检验的实证结果表明政府利用国债进行的公共投资对民间投资产生了一定的挤出效应[87]。

也有部分学者认为公共债务对私人投资存在挤入效应，大部分国内学者持此观点，认为公共债务资本对私人投资具有正的外部性，可提高私人投资的边际产出，从而“挤入”私人投资。代表性的研究有：宋福铁采用格兰杰因果测试模型和 1980—2000 年的数据实证考察了我国国债融资对私人投资的影响，实证结果表明，我国国债融资实际上未对私人投资产生挤出效应[88]。杨文奇和李艳通过对投资主体投资份额、总量的相关分析以及国债投资方向的聚类分析，认为现阶段由于国债投资方向与宏观经济环境的原因，国债发行对民间投资挤出作用较小，带动作用较大[89]。郭宏宇通过对 1985—2008 年的民间投资函数的实证分析，得出结论：一方面，公共资本对民间资本具有拉动作用，国债发行又带动了公共资本的扩张，从而产生对民间投资的拉动作用，由于民间投资需求对公共资本弹性下降，国债的拉动效应逐步降低，另一方面，真实利率抑制民间投资，但是因为财政赤字难以影响真实利率，所以国债的挤出效应并不显著；总的来看，我国国债对民间投资的净效应为正[90]。

总体来看，现有研究中缺乏对公共债务激增的经济效应的相关讨论。尽管关于公共债务对宏观经济的影响存在争议，但普遍认为其效应受多种因素影响，包括经济发展状态、国家发展水平等。公共债务能够通过支持扩张性财政政策对经济产生正向刺激作用，但其负面影响也不容忽视，如挤压财政空间、限制政府财政调节能力等。值得注意的是，公共债务激增与普通增长的宏观经济效应在传导机制上存在差异。大量政府债券涌入市场会引起金融市场的波动，这可能带来一系列额外的经济效应。这些效应可能包括对市场利率、汇率、通货膨胀等关键经济变量的影响，进而对实体经济产生广泛而深远的影响。因此，针对公共债务激增的宏观经济效应进行深入研究具有重要的理论和现实意义。未来的研究可以进一步探讨公共债务激增对经济增长、通胀水平、投资等关键经济指标的影响，以及其与金融市场波动、金融风险之间的内在联系。同时，考虑到不同国家、不同发展阶段的差异性，对公共债务激增的经济效应进行比较研究也将有助于更全面地理解这一现象的复杂性。

5.3 基于局部投影方法的脉冲响应分析模型构建

公共债务激增对宏观经济、金融、财政影响的传导机制是复杂的。现有研究中，学者们更倾向于构建宏观模型来模拟公共债务在宏观经济结构中的作用。而对于公共债务宏观经济效应的实证研究，在影响方向和影响渠道上始终没有定论。归其原因，主要在于宏观经济动态系统涉及的相关因素众多，且变量间可能存在复杂的非线性结构。本研究采用了 Jordà 开创的局部投影法（local projection method，LPs）对公共债务激增对宏观经济、金融、财政的影响进行估计与分解[91]。该方法可以通过将内生变量随时间向前移动，获得在其滞后项上的投影序列来计算脉冲响应，不需要对未知的动态经济系统本身进行设定和估计。这极大地提升了推算脉冲响应时的准确度。且已有研究证明了，在灵活控制滞后阶数的前提下，局部投影方法与 VAR 模型具有一致的脉冲响应估计[92],[93]。

为了更好地区分公共债务激增在经济扩张期和衰退期对宏观经济、金融、财政的非对称影响，本研究构建了如下模型：

$$\begin{aligned} CR\left[\Delta_h y_{it(p)+h}^k, \varepsilon\right] &= E_{it(p)}\left[\Delta_h y_{it(p)+h}^k \mid x_{it(p)} = \bar{x}_i + \varepsilon;\ Y_{it(p)},\ Y_{it(p)-1},\right. \\ &\qquad \left.\cdots,\ Y_{it(p)-J}\right] - E_{it(p)}\left[\Delta_h y_{it(p)+h}^k \mid x_{it(p)}\right. \\ &\qquad \left.= \bar{x}_i;\ Y_{it(p)},\ Y_{it(p)-1},\ \cdots,\ Y_{it(p)-J}\right] \end{aligned} \tag{5.1}$$

其中$y^k_{it(p)}$表示待解释的宏观变量，$k=1$，…，K 表示宏观变量的维度，i 表示经济体的维度，$t(p)$ 表示第 p 个扩张期或衰退期开始的时间节点，$h=1$，…，H 表示在扩张期或衰退期开始后第 h 期。$CR[\Delta_h y^k_{it(p)+h},\ \varepsilon]$ 即表示宏观变量$y^k_{it(p)}$在扩张或衰退的开始时间节点 $t(p)$ 后第 h 期的平均累计响应值，它刻画了冲击变量$x_{it(p)}$在偏离平均水平$\bar{x}_i$一单位标准差 ε 后，宏观变量的变化与基准水平变化的差值。其中$Y_{it(p)}$表示控制变量，它是一个高维向量，J 表示其滞后阶数。与 Jordà 对局部投影的脉冲响应定义不同［公式（5.2）和公式（5.3）］[91]，本研究采用的局部投影方法提供了累积响应的直接估计，而不依赖于脉冲响应 $IR[\Delta y^k_{it(p)+h},\ \varepsilon]$ 通过线性叠加获得，这种线性假设被很多学者验证是存在偏误的[94]。

$$IR[\Delta y^k_{it(p)+h},\ \varepsilon] = E_{it(p)}[\Delta y^k_{it(p)+h} \mid x_{it(p)} = \bar{x}_i + \varepsilon;\ Y_{it(p)},\ Y_{it(p)-1},\ \cdots,\ Y_{it(p)-J}] - E_{it(p)}[\Delta y^k_{it(p)+h} \mid x_{it(p)} = \bar{x}_i;\ Y_{it(p)},\ Y_{it(p)-1},\ \cdots,\ Y_{it(p)-J}] \tag{5.2}$$

$$CR[\Delta_h y^k_{it(p)+h}, \varepsilon] = \sum_{j=1}^{h} IR[\Delta y^k_{it(p)+j}, \varepsilon] \tag{5.3}$$

而对于累积响应 $CR[\Delta_h y^k_{it(p)+h},\ \varepsilon]$ 的估计，可以通过一个固定效应的面板回归模型来实现：

$$\Delta_h y^k_{it(p)h} = \mu^k_D d_{D,it(p)} + \mu^k_R d_{R,it(p)} + \beta^k_{h,D} d_{D,it(p)}[x_{it(p)} - \bar{x}_{it(p)}] + \beta^k_{h,R} d_{R,it(p)}[x_{it(p)} - \bar{x}_{it(p)}] + \sum_{j=0}^{J} \Gamma^k_{h,j} Y_{it(p)-j} + \alpha^k_i + u^k_{h,it(p)} \tag{5.4}$$

其中，$d_{D,it(p)}$为表示衰退期开始的虚拟变量，衰退开始时为 1，否则为 0。$d_{R,it(p)}$为表示扩张期开始的虚拟变量。本研究使用转折点法对各经济体 GDP 的周期性转折点进行识别。通过确定 GDP 的峰值和谷值，将经济整体趋势划分为不同的扩张期与衰退期。具体的峰值与谷值的识别方法与 2.3.1 中介绍的转折点法一致，在此不再赘述。$\bar{x}_{it(p)}$表示不同衰退期或扩张期前 10 年冲击变量$x_{it(p)}$的平均水平，我们采用这一变动窗口来替换全局均值的设定，可以更准确地刻画冲击变量在衰退期和扩张期前后的变化。尤其是在讨论公共债务激增的影响时，可以更有效地区分相较于衰退前期和扩张前期债务普通积累和债务激增的差异。估计值μ_D^k和μ_R^k表示衰退期和扩张期的平均累计响应值。冲击变量$x_{it(p)}$在衰退期和扩张期带来的不同边际效应则由$\beta_{h,D}^k$和$\beta_{h,R}^k$表示。$\sum_{j=0}^{J}\Gamma_{h,j}^k Y_{it(p)-j}$表示滞后期为$j$的控制变量组，$\Gamma_{h,j}^k$为它的系数矩阵。$\alpha_i^k$表示经济体$i$的固定效应，$u_{h,it(p)}^k$为残差项。

本研究考虑的宏观变量y_{it}^k包括经济、金融、财政三个方面，其中宏观经济变量包括总产出（GDP）、总投资、通货膨胀率、经常账户余额与GDP比率；金融变量包括市场流动性（货币供应量）、实际利率、私人债务负债率；财政变量包括政府财政收入与GDP比率和政府财政支出与GDP比率。其中GDP、总投资、货币供应量数据进行了对数化处理。冲击变量x_{it}则使用公共债务负债率的变化率，用公共债务负债率变化率的一单位正向标准差来刻画公共债务的激增。控制变量Y_{it}则包括了上述宏观变量的一阶差分项。

本研究使用的面板数据集包含了54个经济体（发达经济体19个，新兴发展中经济体35个）1970年到2021年的相关数据，数据来源均为世界银行发布的世界发展指标数据库（World Development Indicators，WDI）。

5.4 实证结果与讨论

本研究首先讨论了公共债务激增如何改变宏观经济、金融、财政变量的预期进程，对比了公共债务激增的乘数效应在经济扩张期和经济衰退期的非对称差异。现有研究对公共债务积压的影响十分关注，本研究同样讨论了公共债务积压的影响，以及其与公共债务激增之间是否存在协同效应。

5.4.1 公共债务激增的影响

首先，本研究将公共债务激增作为冲击变量引入模型中，通过对公共债务负债率的变化率Δg_{it}施加一单位正向标准差的冲击，观测各宏观变量呈现出的累积脉冲响应的差异。用于估计参数的固定效应面板模型形式如下：

$$\Delta_h y^k_{it(p)+h} = \mu^k_D d_{D,it(p)} + \mu^k_R d_{R,it(p)} + \beta^k_{h,D} d_{D,it(p)} \left[\Delta g_{it(p)} - \Delta \bar{g}_{it(p)} \right] + \beta^k_{h,R} d_{R,it(p)} \left[\Delta g_{it(p)} - \Delta \bar{g}_{it(p)} \right] + \sum_{j=0}^{J} \Gamma^k_{h,j} Y_{it(p)-j} + \alpha^k_i + u^k_{h,it(p)} \tag{5.5}$$

图 5 - 1 展示了总产出、总投资、通货膨胀率、经常账户余额、货币供给量、实际利率、财政收入、财政支出和私人债务率等变量从衰退期开始后近 5 年的累积脉冲响应值，以及在对公共债务增长率施加一单位标准差的正向冲击后各宏观变量的累积响应值的变化。阴影区域内的实线表示普通衰退的平均路径，阴影区域是 95% 置信区间。虚线表示公共债务增速受到一单位标准差正向冲击后的衰退路径。从图中我们可以看到，衰退期开始时产出下降明显，持续两年的产出下降累计达到 10% 左右，从第 3 年开始逐步复苏，直到第 5 年产出基本恢复到衰退前水平。而当公共债务激增发生时，产出的衰退路径表现出明显的差异，激增发生后第 1 年产出衰退速度略慢于普通衰退，这是由于公共债务融资支持下的财政扩张在一定程度上缓解了衰退。从政府的财政收支状态也可以得到印证，衰退发生时，财政收入出现了相同趋势的下降，而同期财政支出却上升，而且当公共债务激增发生时，政府的财政支出在衰退后的第 1 年有更明显的增加，这意味着大规模的扩张性财政政策的实施。同时，衰退发生后，总投资也呈现下降趋势，但公共债务激增下，第 1 年总投资的下降水平相对较缓，这是由于财政支出增加带动了公共投资增长。但公共债务激增带来的收益并不持久，在衰退的第 2 年，总产出和总投资在债务激增发生时下降速度更快，公共债务的激增明显延缓了经济复苏的过程，过度的财政扩张并没有更好地解决衰退问题，反而使经济修复花费了更长的时间。财政收入因经济紧缩在第 2 年持续下降，大大增加了政府的财政压力，迫使政府在衰退后的第 2 年开始收紧财政支出，甚至在第 3 年将财政支出收缩到比衰退发生前更低的水平。

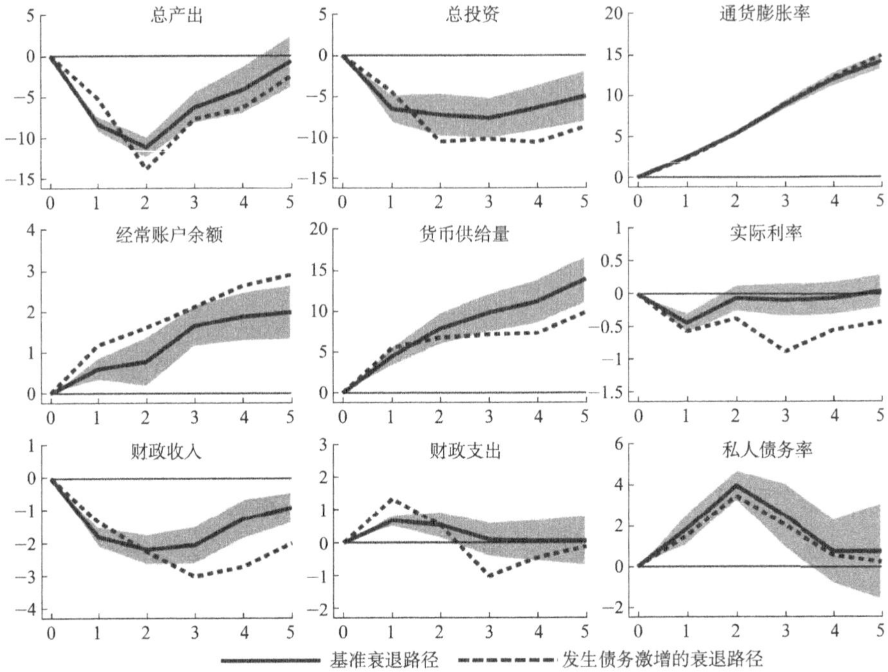

图 5-1　衰退期公共债务激增冲击下的各宏观变量累积脉冲响应

从通货膨胀率的变化来看，衰退的发生似乎并没有引发明显的通缩，公共债务激增也未对通货膨胀产生明显的影响。经常账户余额在衰退发生后呈现上涨的趋势，推测这主要是由于衰退导致了进出口双萎缩，而进口降幅下滑更快导致了衰退型贸易顺差，公共债务的激增会进一步将这一顺差拉大，这主要是由于政府通过债务获得的融资更多地通过公共支出流向了国内的实体经济，这会导致进出口间的差距在衰退期进一步扩大。从货币供应量和实际利率的表现上来看，衰退开始时会有降息降准等货币政策出台，为金融市场注入流动性，因此在衰退初期，货币供应量上升，实际利率出现下降。但如果同期发生公共债务激增，由于经济恢复速度的减慢，市场流动性也在衰退发生的第 2 年减弱，货币供应量的增速明显放缓，实际利率也出现了进一步的下降，且保持在较低的水平。私人债务率在衰退后发生了小幅的增加，主要是由于公共投资增长起到的带动作用，但这一增长速度相比于扩张期是十分缓慢的，且在衰退后第 3 年，财政支出收紧后，出现了明显的下降。而公共债务激增并没有进一步带动私人债务的增长，甚至对私人债务表现出小幅的挤出效果。

图 5－2 展示了各变量在扩张期开始后近 5 年的累积脉冲响应值，以及在对公共债务增长率施加一单位标准差的正向冲击后各宏观变量的累积响应值的变化。阴影区域内的实线表示普通扩张的平均路径，阴影区域是 95% 置信区间。虚线表示公共债务增速受到一单位标准差正向冲击后的扩张路径。对比衰退期各变量的表现，可以明显看出公共债务激增在经济衰退期和扩张期的非对称影响。总产出、总投资、通货膨胀率、货币供给量和私人债务率都表现出稳定的增长，实际利率在增长到第 3 年后趋于稳定，这也符合经济扩张期的货币政策特点。财政收入随着经济扩张持续增加，而财政支出在扩张期开始时持续增长，但增长速度随时间逐步放缓，直到第 5 年开始下降，一方面缓解财政压力，另一方面减弱财政刺激，避免经济过热。与衰退期不同，公共债务激增的发生在扩张期对各宏观变量几乎不产生影响。

总的来说，公共债务激增带来的风险在经济扩张期被掩盖，而在经济衰退期，这一影响会被放大，衰退初期虽然能起到缓解经济衰退的作用，但长期来看会延缓经济复苏的整体进程。

表 5－1 更直观地给出了关于总产出的固定效应面板模型中衰退期与扩张期虚拟变量的参数 μ_D^k 和 μ_R^k 的估计结果，以及用于度量公共债务变化率边际效应的参数 $\beta_{h,D}^k$ 和 $\beta_{h,R}^k$ 的估计结果，这些参数被直接用于计算总产出累积脉冲响应值。括号中为各参数的标准误差。可以看到，在通过衰退期虚拟变量的局部投影明确了总产出在衰退时期的变化路径后，公共债务变化率在模型中依然可以表现出明显的边际影响，且这一影响在第 1 年为显著的正向影响，而在此后的 2 到 5 年转变成为负向影响。而在扩张期，公共债务变化率的边际影响较小，且大多数情况下不显著。

表 5－1　　衰退与扩张期虚拟变量和公共债务变化率在总产出固定效应面板模型中的估计结果

	第 1 年	第 2 年	第 3 年	第 4 年	第 5 年
μ_D^k	−8.328*** (2.265)	−11.163*** (3.861)	−6.303** (3.752)	−4.163** (2.135)	−0.669* (0.361)
μ_R^k	9.783** (4.321)	21.656** (9.685)	32.317*** (5.322)	38.780* (19.332)	42.281*** (7.230)
$\beta_{h,D}^k$	0.471** (0.193)	−0.402** (0.186)	−0.211 (0.332)	−0.333* (0.263)	−0.271** (0.145)
$\beta_{h,R}^k$	−0.018 (0.152)	−0.014* (0.010)	0.012 (0.219)	0.060 (0.181)	0.088* (0.049)
R-square	0.636	0.539	0.492	0.456	0.448
经济体数量	54	54	54	54	54

注：***，**，*分别表示显著性水平达到 1%，5% 和 10%，括号内数值为标准误差。

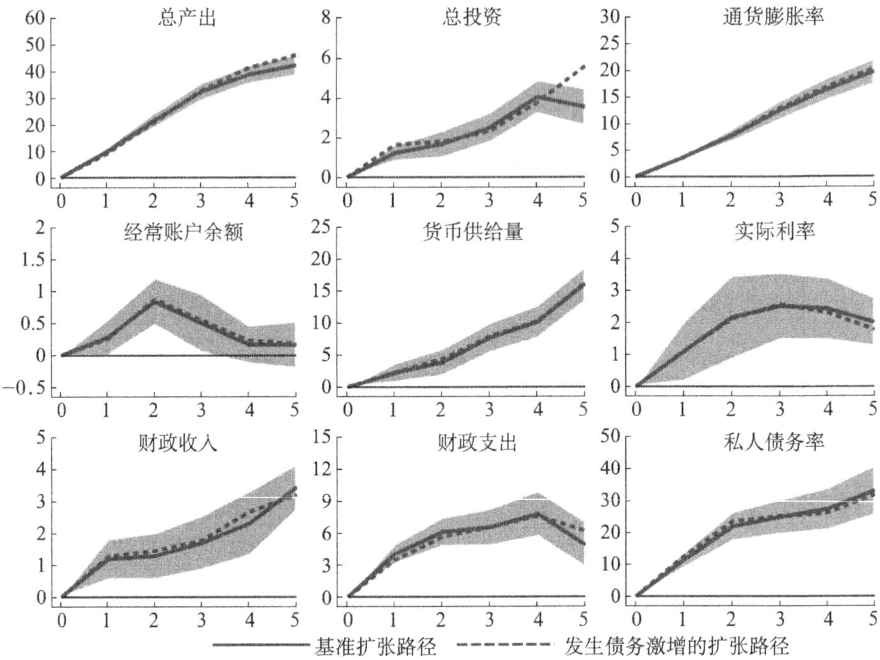

图 5－2　扩张期公共债务激增冲击下的各宏观变量累积脉冲响应

5.4.2　公共债务积压的影响

现有的对公共债务的讨论更多关注于公共债务积压问题，本研究为了更全面地研究公共债务在经济、金融、财政互动过程中的作用，同样对公共债务积压对各宏观变量在经济衰退和扩张时期的演化路径的影响进行了讨论，以对比公共债务激增与积压带来的影响差异。本研究将公共债务存量作为冲击变量引入模型中，通过对公共债务负债率g_{it}施加冲击来观测各宏观变量在不同公共债务负债率水平下呈现出的累积脉冲响应的差异。用于估计参数的固定效应面板模型形式如下：

$$\Delta_h y^k_{it(p)+h} = \mu^k_D d_{D,it(p)} + \mu^k_R d_{R,it(p)} + \beta^k_{h,D} d_{D,it(p)} \left(g_{it(p)} - \bar{g}_{it(p)}\right) + \beta^k_{h,R} d_{R,it(p)} \left(g_{it(p)} - \bar{g}_{it(p)}\right) + \sum_{j=0}^{J} \Gamma^k_{h,j} Y_{it(p)-j} + \alpha^k_i + u^k_{h,it(p)} \tag{5.6}$$

我们分别对公共债务负债率施加了一单位标准差正向冲击和一单位标准差负向冲击。两种冲击下的累积脉冲响应情景与无冲击情景共同构成了公共债务负债率处于高、中、低三种水平的情景模拟，基于本研究使用到的样本数据情况，样本整体的平均公共债务负债率为 68%，标准差为 0.43，因此三种情景分别对应的公共债务负债率为 111%、68%、25% 的公共债务水平。图 5－3 展示了 9 种宏观变量从衰退期开始后近 5 年的累积脉冲响应值结果，以及在对公共债务负债率施加冲击后各宏观变量的累积响应值的变化。阴影区域内的实线表示公共债务负债务标准水平的平均衰退路径，阴影区域是 95% 置信区间。虚线表示公共债务负债率受到一单位标准差正向冲击后的衰退路径，即高负债率水平下的衰退路径。点状线表示公共债务负债率受到一单位标准差负向冲击后的衰退路径，即低负债率水平下的衰退路径。

在不同公共债务负债率水平下，各宏观变量的衰退路径也有所差异。总产出在衰退开始后的前 2 年的衰退速度表现基本一致，在第 3 年表现出差异。高负债情景下总产出恢复速度明显更慢，低负债情景下总产出的恢复速度则最快，在第 4 年基本恢复到衰退前水平。同时，总投资的变化也表现出差异，低负债情景下总投资的衰退速度最慢，高负债

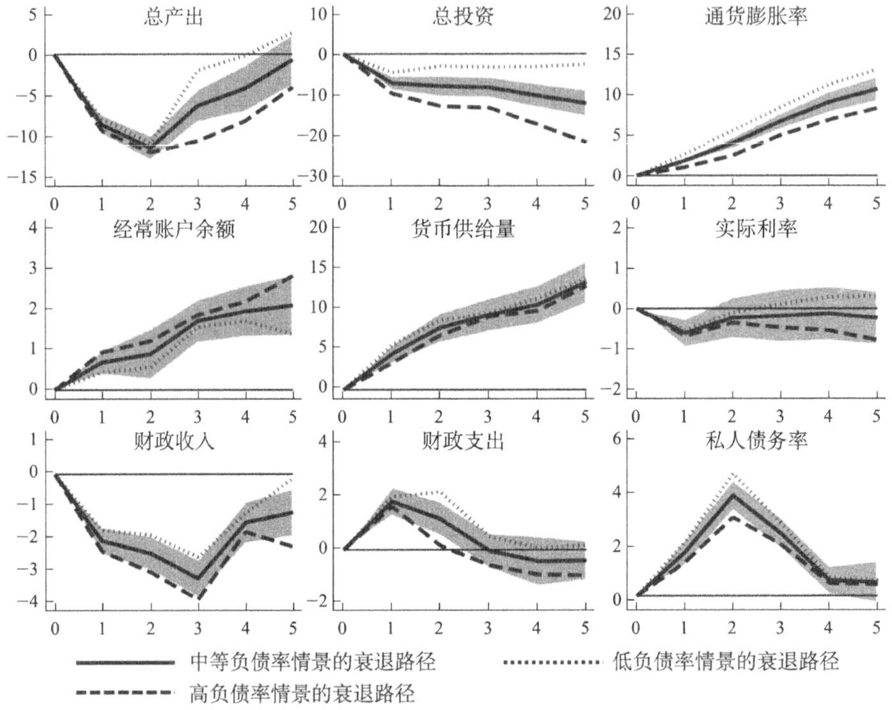

图 5-3　衰退期公共债务积压冲击下的各宏观变量累积脉冲响应

情景下总投资衰退速度最快。通货膨胀率在低负债情景下有更快的增速，在高负债情景下增速较低。导致这一差异的直接原因是政府在不同负债水平下执行的财政扩张政策存在差异，在较低的负债率水平下，政府有更多的财政空间实施财政扩张政策，即使在财政收入下降的情况下依然可以依托发债来支持更长期的财政支出扩张。从财政支出在衰退期的演变路径可以看出，在低负债率水平下，财政支出在衰退开始后的 2 年保持了扩张，在此后的 3 年才逐步恢复到衰退前的水平。而在高负债的情景中，财政支出在衰退发生后的第 1 年表现出与低负债率和中等负债率相近的增长水平。但这种财政扩张在高负债率情景中是不可持续的，随着经济衰退的持续导致的财政收入下降，会进一步增加政府财政压力，迫使政府不得不做出财政整顿，降低财政支出以缓解债务压力。

图 5-4 展示了扩张期的累积脉冲响应结果。同样的，阴影区域内的实线表示公共债务中等水平的平均扩张路径，阴影区域是 95% 置信

区间。虚线表示公共债务负债率受到一单位标准差正向冲击后的扩张路径，即高负债率水平下的扩张路径。点状线表示公共债务负债率受到一单位标准差负向冲击后的扩张路径，即低负债率水平下的扩张路径。

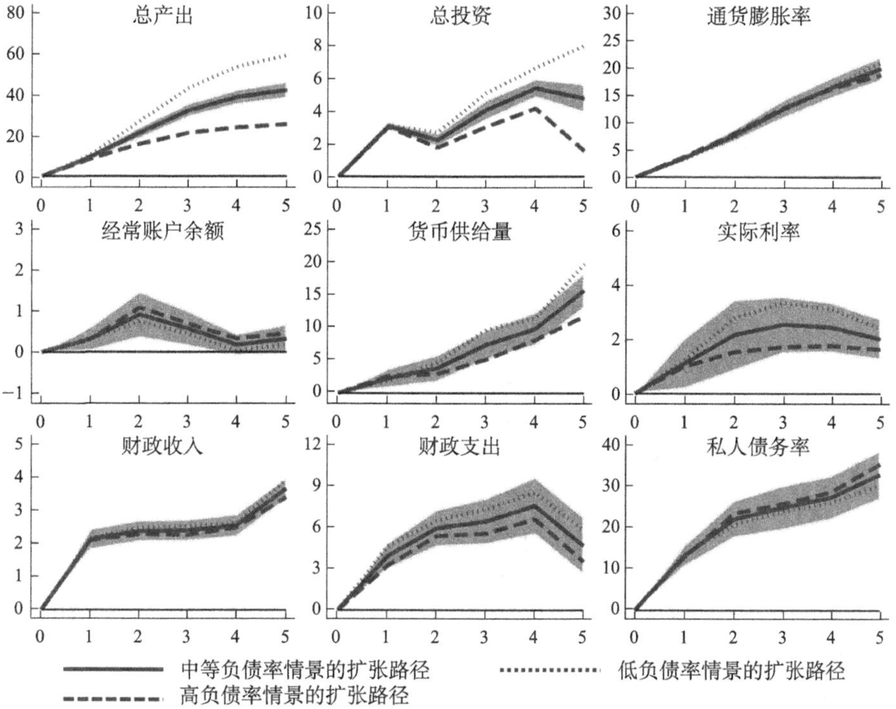

图 5－4　扩张期公共债务积压冲击下的各宏观变量累积脉冲响应

从图 5－4 中可以看出，扩张期公共债务积压对各宏观变量的影响方向与衰退期保持一致，与公共债务激增带来的非对称影响不同。高负债率水平下，总产出、总投资、货币供给量、实际利率的增长速度都要低于低负债率情景，说明经济扩张速度和市场活跃度在低负债率水平下发展更迅速。而通货膨胀率、经常账户余额、财政收入和私人债务率的演化路径在不同公共债务负债率水平下几乎保持一致。在财政支出方面，政府所执行的财政政策虽然都是先扩张后紧缩，同时在第 5 年选择开始财政整顿，但扩张的幅度和整顿的力度存在差异，低负债率水平下，政府财政支出扩张的速度明显快于高负债率情景，受限于偿债压力，高负债率情景下，政府的财政整顿力度也会更大。

表5-2展示了关于总产出的固定效应面板模型中衰退期与扩张期虚拟变量的参数 μ_D^k 和 μ_R^k 的估计结果，以及用于度量公共债务变化率边际效应的参数$\beta_{h,D}^k$和$\beta_{h,R}^k$的估计结果，括号中为各参数的标准误差。可以看到，在明确了总产出在不同时期的变化路径后，公共债务存量在扩张期和衰退期依然表现出了较为明显的负向影响，虽然在不同期下参数的显著性水平存在差异，但系数方向保持一致，说明公共债务积压对产出的负面影响是稳定的，且这一影响在衰退期有更高的显著性水平。

表5-2　衰退与扩张期虚拟变量和公共债务存量在总产出固定效应面板模型中的估计结果

	第1年	第2年	第3年	第4年	第5年
μ_D^k	-8.661***	-11.531***	-6.350**	-4.208***	-0.671*
	(3.140)	(4.503)	(2.956)	(1.236)	(0.588)
μ_R^k	9.835***	21.461***	32.247***	38.661**	42.204
	(2.689)	(5.871)	(9.651)	(17.632)	(33.596)
$\beta_{h,D}^k$	-0.111*	-0.083*	-0.654**	-0.602**	-0.510
	(0.094)	(0.075)	(0.253)	(0.281)	(1.566)
$\beta_{h,R}^k$	-0.024	-0.128*	-0.253*	-0.341	-0.386*
	(0.325)	(0.114)	(0.159)	(0.434)	(0.217)
R-square	0.612	0.531	0.429	0.411	0.395
经济体数量	54	54	54	54	54

注：***, **, *分别表示显著性水平达到1%，5%和10%，括号内数值为标准误差。

5.4.3　公共债务激增与积压的协同效应

上述实证研究已经明确公共债务激增和积压在经济衰退期存在较为明显的深化衰退和抑制复苏的作用，那么当政府已经受到高公共债务水平的约束时，再发生公共债务激增，是否会加剧这一影响呢？公共债务激增和积压是否会存在协同效应？为进一步探究这一问题，本研究将公共债务存量和公共债务变化率同时作为冲击变量引入模型中，并加入了两者的交乘项用以捕捉这种协同效应，通过施加叠加的冲击来对上述情景进行刻画。用于估计参数的固定效应面板模型形式如下：

$$\Delta_h y_{it(p)+h}^k = \mu_D^k d_{D,it(p)} + \mu_R^k d_{R,it(p)} + \beta_{h,D}^k d_{D,it(p)} [\Delta g_{it(p)} - \Delta \bar{g}_{it(p)}] + \beta_{h,R}^k d_{R,it(p)} [\Delta g_{it(p)} - \Delta \bar{g}_{it(p)}] + \phi_{h,D}^k d_{D,it(p)} [g_{it(p)} - \bar{g}_{it(p)}] + \phi_{h,R}^k d_{R,it(p)} [g_{it(p)} - \bar{g}_{it(p)}] + \chi_{h,D}^k d_{D,it(p)} [\Delta g_{it(p)} - \Delta \bar{g}_{it(p)}][g_{it(p)} - \bar{g}_{it(p)}] + \chi_{h,R}^k d_{R,it(p)} [\Delta g_{it(p)} - \Delta \bar{g}_{it(p)}][g_{it(p)} - \bar{g}_{it(p)}] + \sum_{j=0}^{J} \Gamma_{h,j}^k Y_{it(p)-j} + \alpha_i^k + u_{h,it(p)}^k \tag{5.7}$$

我们同时对模型施加两类冲击，以观测各变量的累积脉冲响应的变化。首先对公共债务变化率施加一单位标准差的正向冲击，以模拟公共债务激增的发生。同时再对公共债务负债率施加正负两个方向一单位标准差的冲击，以模拟处于不同公共债务负债率水平下的情景。图 5 – 5 展示了各宏观变量在衰退期的累积脉冲响应值结果，以及在两类冲击施加后的变化情况。阴影区域内的实线表示不施加冲击的标准水平的平均衰退路径，阴影区域是 95% 置信区间。短虚线表示公共债务变化率受到一单位标准差正向冲击后的衰退路径，即中等负债率水平下发生公共债务激增的衰退路径，长虚线表示公共债务变化率受一单位标准差正向冲击的同时叠加公共债务负债率一单位标准差正向冲击后的衰退路径，即高负债率水平下发生公共债务激增的衰退路径。点状线表示公共债务变化率受一单位标准差正向冲击的同时叠加公共债务负债率一单位标准差负向冲击后的衰退路径，即低负债率水平下发生公共债务激增的衰退路径。

首先，从图 5 – 5 中可以明显看到，公共债务激增在衰退早期带来的衰退缓解，以及在衰退后期引发的经济复苏迟缓的现象依然存在，从总产出、总投资的衰退路径中可以明显观察到这一结论。在高负债率的情况下发生公共债务激增，会导致衰退程度的进一步加深，经济恢复速度明显慢于其他情景，总投资的衰退速度也明显快于其他情景。政府在财政压力较大的状态下强行举债，只会进一步破坏财政可持续性，扩张的财政支出也并未对经济起到良好的刺激效果，转而带来的债务压力会进一步限制政府的财政能力，使政府被迫开展财政整顿。从财政支出的衰退路径可以看出，在高债务状态下的公共债务激增，会在衰退发生后的第 3 年引发剧烈的财政整顿，巨额的偿债压力迫使政府不得不减少财政支出。同时，在衰退后的第 3 年，高负债率情景下的实际利率出现了进一步的下降，但宽松的货币政策并没能为市场带来流动性的提升，货币供应量在衰退的第 3 年呈现出不增反降的趋势，这意味着经济衰退的持续不仅没有被遏制，反而形成了更为悲观的市场预期。

而低负债率情况下发生公共债务激增，总产出的衰退路径与中等债务水平下不发生公共债务激增的情景非常接近。在衰退初期，经济衰退速度得到了缓解，但长期来看并没有减轻经济衰退的深度，且没有加速经济恢复。公共债务激增带来的额外融资转化为了更优惠的税收政策（财政收入的减少）和更持续的财政扩张（财政支出的持续增加）。但这份额外的经济刺激带来的产出效应却非常微弱，只是使通货膨胀率的演化路径发生了明显的向上偏移，加剧了通货膨胀的风险。

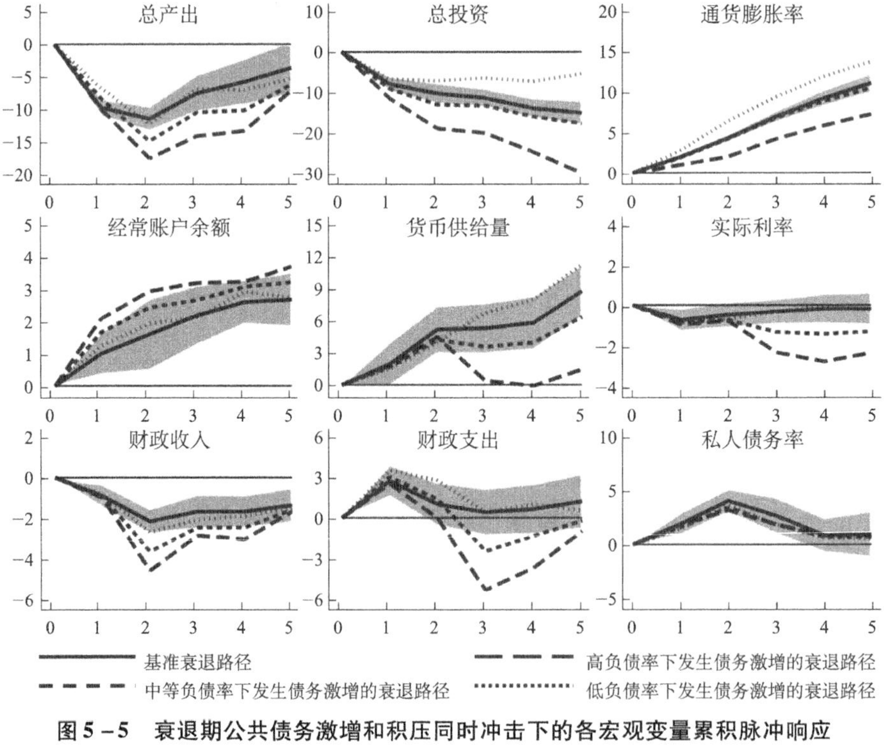

图 5－5　衰退期公共债务激增和积压同时冲击下的各宏观变量累积脉冲响应

相应地，图 5－6 展示了各宏观变量在扩张期的累积脉冲响应值结果，以及在两类冲击施加后的变化情况。阴影区域内的实线表示不施加冲击的标准水平的平均扩张路径，阴影区域是 95% 置信区间。短虚线表示公共债务变化率受到一单位标准差正向冲击后的扩张路径，即中等负债率水平下发生公共债务激增的扩张路径，长虚线表示公共债务变化率受一单位标准差正向冲击的同时叠加公共债务负债率一单位标准差正向冲击后的扩张路径，即高负债率水平下发生公共债务激增的扩张路径。点状线表示公共债务变化率受一单位标准差正向冲击的同时叠加公共债务负债率一单位标准差负向冲击后的扩张路径，即低负债率水平下发生公共债务激增的扩张路径。整体来看，在经济扩张期，公共债务存量水平和是否发生公共债务激增对各变量产生的影响较小，且并未改变其变化趋势，低负债水平下政府财政空间更为宽裕，拥有更为灵活的财政和货币手段，这导致低负债率水平下总产出增速和通胀水平的增长均略快于其他情景，为避免经济过热，低负债率情景下的实际利率也会稳定在一个更高的水平，表现为紧缩性的货币政策，也符合经济发展规律。

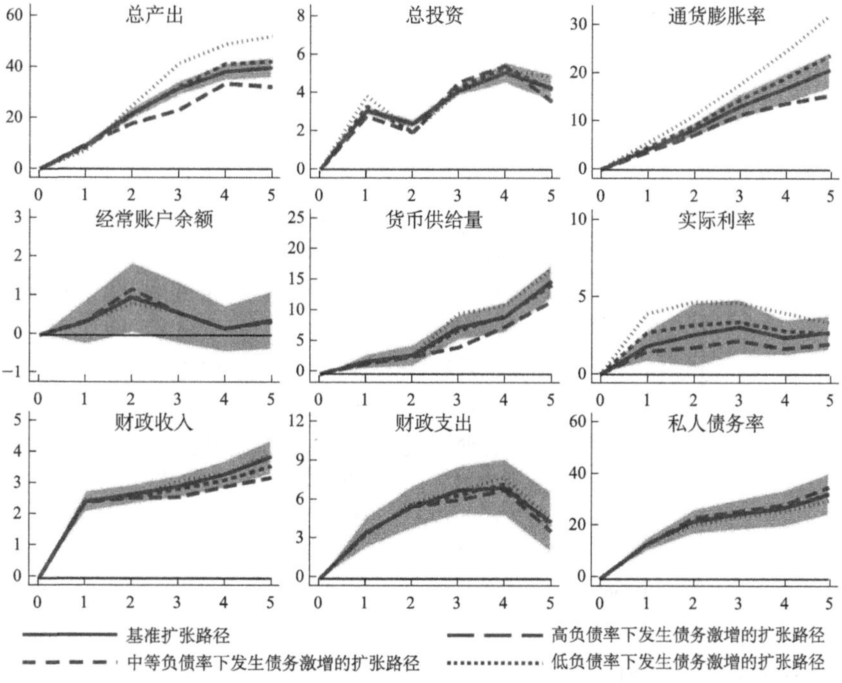

图 5－6　扩张期公共债务激增和积压同时冲击下的各宏观变量累积脉冲响应

表 5－3 更直观地展示了关于总产出的固定效应面板模型中重要参数μ_D^k、μ_R^k、$\beta_{h,D}^k$、$\beta_{h,R}^k$、$\phi_{h,D}^k$、$\phi_{h,R}^k$、$\chi_{h,D}^k$和$\chi_{h,R}^k$的估计结果，括号中为各参数的标准误差。可以看到，表 5－3 中前两行关于衰退和扩张平均路径的估计系数与前文中模型的估计结果非常接近。公共债务激增和公共债务积压的边际效应系数在衰退期更为显著，且与前文中的模型估计结果相似，在扩张期的估计结果虽然显著性较弱，但与前文中的模型估计结果基本保持了方向上的一致。最值得注意的是公共债务激增与积压的交乘项，其参数估计结果证实了在衰退期的早期阶段，公共债务激增和积压会对总产出产生显著的负向协同效应，在公共债务积压的状况下强行大规模发债并不会对经济衰退产生有益的缓解，巨大的财政压力只会使政府进一步失去调节能力，使经济面临更深程度的衰退。

表 5－3　衰退与扩张期虚拟变量和公共债务存量在总产出固定效应面板模型中的估计结果

	第 1 年	第 2 年	第 3 年	第 4 年	第 5 年
μ_D^k	－9.832**	－11.542***	－7.615**	－5.821***	－3.671
	(3.956)	(4.692)	(3.021)	(1.639)	(3.856)
μ_R^k	9.209**	21.544***	31.348***	37.752**	39.403
	(4.326)	(4.952)	(8.603)	(18.230)	(35.631)
$\beta_{h,D}^k$	0.205**	－0.519**	－0.445	－0.666**	－0.386*
	(0.121)	(0.325)	(1.321)	(0.342)	(0.288)
$\beta_{h,R}^k$	－0.019*	－0.010*	0.013	0.070	0.053
	(0.014)	(0.008)	(0.280)	(0.401)	(1.359)
$\phi_{h,D}^k$	－0.241**	－0.400	－0.551*	－0.476*	－0.136
	(0.101)	(0.423)	(0.315)	(0.311)	(0.691)
$\phi_{h,R}^k$	－0.026	－0.079*	－0.211	－0.175	－0.226*
	(0.198)	(0.048)	(0.596)	(0.713)	(0.211)
$\chi_{h,D}^k$	－0.315**	－0.621**	－0.852*	－1.236	－2.351
	(0.177)	(0.340)	(0.547)	(1.326)	(2.881)
$\chi_{h,R}^k$	0.388	0.021	－0.219**	－0.364	－0.499*
	(0.356)	(0.427)	(0.123)	(1.231)	(0.407)
R-squarc	0.603	0.546	0.481	0.512	0.423
经济体数量	54	54	54	54	54

注：***，**，*分别表示显著性水平达到 1%，5% 和 10%，括号内数值为标准误差。

5.4.4　公共债务激增与积压的影响在发达经济体与新兴发展中经济体间的差异

由于发达经济体和新兴发展中经济体之间存在较为明显的发展差距，政府对公共债务的使用策略也不尽相同，因此本研究通过样本分组，分别对 19 个发达经济体和 35 个新兴发展中经济体重复了上述实验，以探究公共债务激增和积压对于不同发展程度的经济体造成的影响是否存在差异。图 5－7 展示了两种不同发展程度经济体的各宏观变量衰退期的累积脉冲响应值，以及在对公共债务变化率施加一单位标准差的正向冲击后各宏观变量的累积响应值的变化。红色代表发达经济体，蓝色代表发展中经济体。实线表示普通衰退的平均路径。虚线表示公共债务变化率受到一单位标准差正向冲击后的衰退路径。

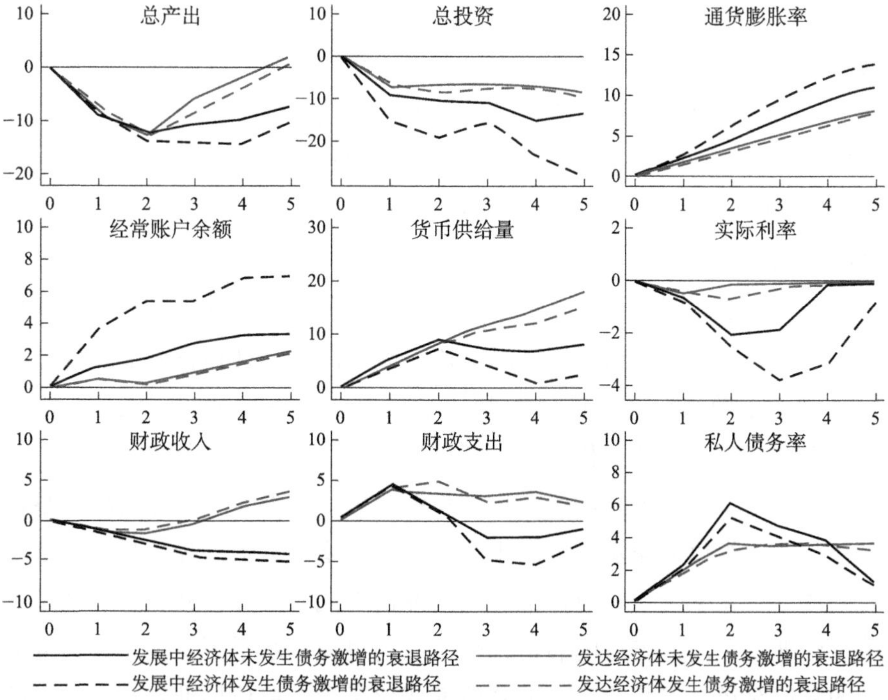

图 5－7　衰退期公共债务激增冲击下不同类型经济体各宏观变量的累积脉冲响应

从图 5 –7 中可以明显看出，在普通的衰退过程中，新兴发展中经济体总产出在初期的衰退程度与发达经济体接近（衰退第 2 年总产出均下降约 10%），但经济复苏速度远不及发达经济体，发达经济体总产出约在衰退后第 4 年即可恢复到衰退前水平。总投资的衰退也表现出类似的差距。经济恢复能力的差距使得发达经济体在政府收入端得到了较好的保障，发达经济体的财政收入约在衰退发生后的第 3 年便恢复到了衰退前水平，这使得其在衰退的后期拥有更大的财政空间，财政支出的稳定扩张加速了经济的恢复。而新兴发展中经济体则不然，经济恢复速度缓慢以及一些衰退期间的税收优惠政策导致新兴发展中经济体财政收入持续下降，无法维持稳定的财政扩张，政府财政支出被迫在衰退的第 3 年开始收紧。值得注意的是，无论是发达经济体还是新兴发展中经济体，当公共债务激增发生时，其对经济复苏的长期过程都是没有好处的，但这种影响在新兴发展中经济体更为严峻，额外的财政扩张并不能缓解经济颓势，巨额的财政负担只会进一步限制政府在未来的财政调节能力，紧缩的财政政策最终会导致衰退的延续。债务激增状态下，新兴发展中经济体的利率下降更为明显，但货币供应量却在衰退发生后第 3 年开始下降，这意味着宽松的货币政策已逐渐失效，无法为市场提供更多的流动性。

而当我们同时将公共债务激增与公共债务积压的冲击同时加入模型时，发达经济体与新兴发展中经济体的衰退路径同样存在明显差异。图 5 –8 展示了两类经济体的各宏观变量衰退期的累积脉冲响应值，以及在两类冲击施加后的变化情况。红色代表发达经济体，蓝色代表发展中经济体。实线表示公共债务变化率受到一单位标准差正向冲击后的衰退路径，即中等负债率水平下发生公共债务激增的衰退路径，长虚线表示公共债务变化率受一单位标准差正向冲击的同时叠加公共债务负债率一单位标准差正向冲击后的衰退路径，即高负债率水平下发生公共债务激增的衰退路径。点状线表示公共债务变化率受一单位标准差正向冲击的同时叠加公共债务负债率一单位标准差负向冲击后的衰退路径，即低负债率水平下发生公共债务激增的衰退路径。从图中可以看到，高负债率状态下发生公共债务激增会加深衰退的程度，延缓经济恢复速度，无论是对于发达经济体还是新兴发展中经济体而言。新兴发展中经济体在两类冲击的叠加影响下，衰退发生后的第 2 年，总产出下降甚至可以达到 20%。公共债务激增在初期为政府筹措的额外资本在缓解经济衰退中的贡献，与其在后续引发的财政不可持续、经济复苏延缓相比，显得微不足道。

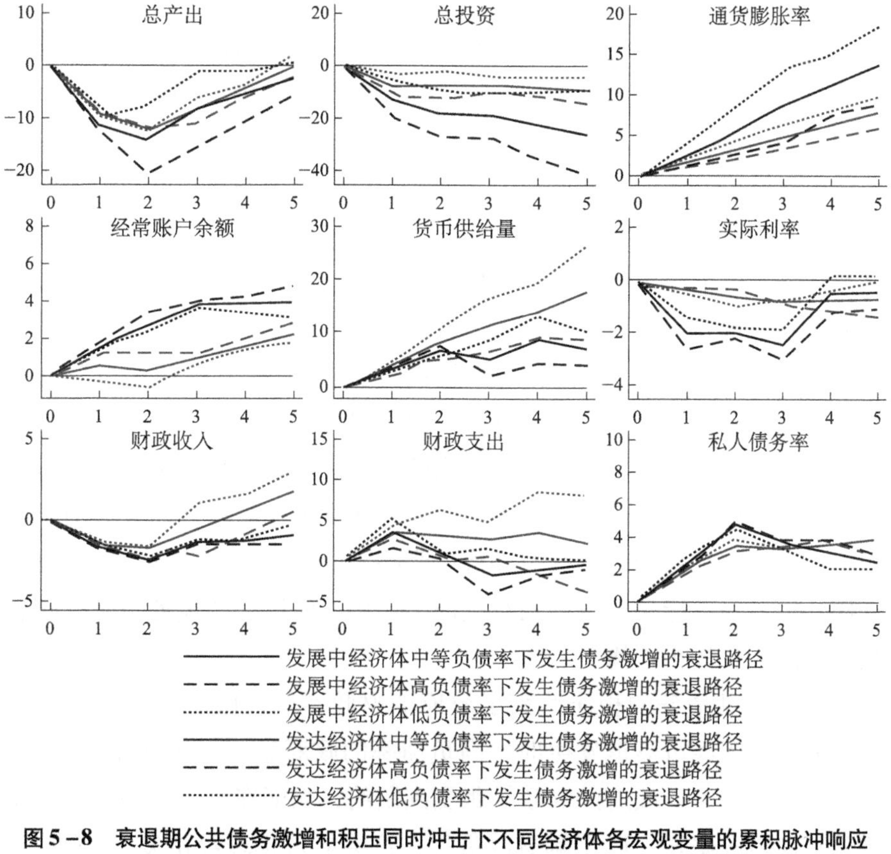

图 5－8　衰退期公共债务激增和积压同时冲击下不同经济体各宏观变量的累积脉冲响应

公共债务激增与积压在经济扩张期的影响比较微弱，且基本不会改变各变量的原有趋势，在样本分组后的研究中，该结论依然保持稳健，在此不赘述。

5.5 本章小结

本章延续了第4章中对公共债务激增与宏观经济、金融、财政之间的互动关系的讨论。采用局部投影方法分析了公共债务激增在经济衰退期和经济扩张期对经济、金融、财政相关变量的影响，通过对累积脉冲响应的测算，定量分析了激增导致的各变量在衰退路径和扩张路径上的差异，实证检验了公共债务激增在扩张期和衰退期的影响。此外，本章还对比分析了公共债务激增与公共债务积压的影响差异，进一步探究了两者的协同效应。并基于经济体样本的发展水平将样本划分为发达经济体和新兴发展中经济体两类，对比分析了公共债务激增影响的差异。本章的主要发现如下：

（1）当公共债务激增发生在经济衰退期时，在衰退初期可以通过额外的财政扩张来缓解衰退的进程。但随之带来的财政压力会导致政府财政的不可持续，随着政府财政支出的收紧和财政整顿的被迫开展，总投资水平会进一步下降，导致经济的恢复速度大幅减慢。当公共债务激增发生在经济扩张期时，其对经济扩张路径的边际影响非常微弱，政府的额外负债并不能对经济增长起到助推作用，而激增的债务带来的隐患被经济的增长势头所掩盖。

（2）公共债务的积压约束了政府的财政空间，限制了政府的财政调节能力。当经济衰退发生时，高负债率的政府难以做出充足的应对，受限于债务压力，政府的财政扩张受到制约，只能在实施短期的财政刺激后转向财政整顿，以缓解财政负担，这会显著延缓经济复苏的脚步。如果政府在公共债务积压严重的状态下大幅举债，出现债务激增，这会导致政府财政状况的进一步恶化。通过激增的债务获取的额外融资并不能在短期内遏制经济的衰退。随后政府会因受制于高额的债务利息偿付压力，被迫收紧财政支出，开展财政整顿，这会使经济陷入更深程度的衰退。此外，由于经济的持续低迷降低了市场预期，长期宽松的货币政策逐渐失效，市场流动性大幅下降。

（3）公共债务激增带来的经济衰退程度的加深，无论对于发达经济体还是新兴发展中经济体而言，都是明显的。但新兴发展中经济体因其经济发展水平偏低，财政稳定性较差，在公共债务激增发生时，受到的影响相较发达经济体更为严重。尤其是在公共债务已经出现积压的情况下，政府财政状况的恶化更容易使经济陷入深度衰退。

总体而言，公共债务作为一种强有力的财政政策，政府在使用时需要格外谨慎。通过短期内大额发债获得的额外融资虽然能支持政府做出更多的财政扩张，但其对缓解经济衰退起到的作用微乎其微，而其引发的财政失衡并最终导致的经济深度衰退，带来的经济修复成本却是巨大的。因此，对于政策制定者而言，做好公共债务的统筹和规划，限制发债规模和发债频率，避免发生公共债务激增，保障公共债务和财政的可持续性是十分重要的。

第6章

公共债务激增对金融稳定性的影响

公共债务激增对宏观经济的影响在上一章中已得到了证实和定量的测算。而债务作为一种金融工具，其影响的传递通常是通过金融市场来扩散的，因此，公共债务的激增对金融市场稳定性的影响同样值得关注。金融危机期间金融体系处于极度脆弱的阶段，公共债务激增的发生是否会引发更严重的金融影响？不同发展阶段的经济体由于本身的金融稳定性水平不同，公共债务激增的影响也不尽相同，更高的金融稳定性是否更有利于抵御债务激增的冲击？本章聚焦于公共债务激增对金融稳定性影响的定量分析，对上述问题进行了更进一步的讨论。本章的主要工作如下：构建了一个基于局部投影方法的脉冲响应分析模型，用以定量测算公共债务激增对金融稳定性相关变量的影响；重点关注金融危机时期，分析公共债务激增在金融危机时期是否会对金融稳定性带来额外的冲击；对发达经济体和新兴发展中经济体样本进行分组建模，对比分析了金融稳定性基础的不同带来的激增影响差异。

6.1 引言

公共债务激增对金融稳定性的影响是一个多维度、深层次的复杂问题，其后果波及经济运行的众多环节。首先，债务激增无疑会加剧金融市场的风险。当债务规模在短时间内迅速扩大时，市场上的债务工具，如企业债券、政府债券等，供应量会急剧增加。这种供应过剩的现象很可能导致投资者对这些债务工具的需求降低，进而使得债务融资成本上升。面对更高的融资成本，借款人的偿债压力无疑会增大。特别是在经济环境出现不利变化时，如经济增长放缓或市场利率上升，这些借款人可能因无法承受高额的债务负担而面临违约风险。一旦这种情况发生，可能会触发金融市场的连锁反应，甚至可能引发金融危机。

其次，金融机构作为债务市场的主要参与者，其运营状况也会受到债务激增的深刻影响。金融机构通常持有大量的债务资产，因此，当债务规模迅速扩大时，它们的资产负债表可能会面临巨大的压力。一方面，资产质量的下降可能会损害其营利能力；另一方面，由于金融机构之间的业务联系紧密复杂，一旦某个机构因债务问题出现困境，很可能会引发其他机构的连锁反应，进而对整个金融体系的稳定性构成威胁。这种“多米诺骨牌效应”在历次金融危机中都有所体现，其破坏力不容小觑。

再者，从货币政策的角度来看，债务激增也可能带来一系列的困境。中央银行在面对债务问题时，可能会采取降低利率、提供流动性支持等货币政策措施来稳定市场。然而，这些措施往往会带来一系列副作用。例如，降低利率可能会刺激更多的借贷行为，从而进一步加剧债务问题；而提供流动性支持则可能引发通货膨胀等经济问题。更为严重的是，如果中央银行过度使用宽松货币政策，还可能导致资源错配和资产泡沫，这无疑会进一步加剧金融市场的风险。

最后，从更宏观的角度来看，债务激增还可能对经济增长和社会稳定产生深远影响。过高的债务水平会严重制约企业和政府的投资和消费能力，从而降低整体经济增长潜力。由此可见，公共债务激增对金融稳定性的影响是多方面、深层次的。它不仅会加剧金融市场的风险、影响金融机构的运营、引发货币政策的困境，还可能对经济增长和社会稳定产生不利影响。因此，定量测算公共债务激增对金融稳定性的影响，是值得我们深入探讨的重要研究议题。尤其是在经济形势较差、金融稳定性较弱的衰退期，公共债务激增的影响更值得关注。通过了解公共债务激增在衰退期对金融稳定性的影响，可以为应对公共债务激增所导致的金融风险提供更有科学依据的政策建议。

本章后面的内容安排如下：6.2 节综述了关于公共债务导致的金融风险的相关研究；6.3 节详细介绍了基于局部投影方法的脉冲响应分析模型的构建过程；6.4 节对公共债务激增在经济衰退期对金融稳定性影响的模型试验结果进行了展示和讨论；6.5 节对本章节进行了总结，并针对实证结果提出了相应的政策建议。

6.2 公共债务与金融风险的研究综述

现有研究中对公共债务对金融稳定性影响的讨论，通常是以公共债务引发的金融风险视角展开的，具体包括了关于公共债务可持续性和公共债务金融风险管理的讨论。

6.2.1 公共债务可持续性研究综述

公共债务可持续性是指在一定规则、制度的约束下促使政府的收支行为达到一种均衡合理的发展状态，其研究的主题是政府赤字和政府债务的发展问题。就风险类别划分，公共债务可持续性的研究属于财政风险中政府债务风险问题的研究。现有文献基本上将“公共债务可持续性”“财政可持续性”与“财政政策可持续性”等视为同一概念。在公共债务可持续性的研究中，存在着两个核心问题，如 Wyplosz 所言“公共债务可持续性是一个难解的问题，难点就在于如何认识和如何测算”[95]。如何正确地认识公共债务可持续性，如何合理地对公共债务可持续性水平进行度量，大量研究对解决这两大难题做出了重要贡献。

对于如何正确地认识公共债务可持续性，研究过程可以以 2008 年金融危机为节点划分为两个阶段。在 2008 年金融危机爆发前，大部分学者更倾向于将公共债务可持续性作为一个政府当前财政状况的概念来理解，普遍认为政府只要收支水平和当前债务规模可以匹配，即保证财政平衡，即可维持公共债务可持续性[96]-[102]。也有部分学者将研究重点放在政府的筹资能力上，认为原则上只要政府可以举债，并具有到期偿付能力，而不发生财政融资违约，那么短期财政就是可持续的，但是如果由债务负担率不断增长造成的赤字仅能依靠紧缩预算弥补，则财政不可持续[103]-[108]。还有部分学者从偿债能力的视角对可持续性进行诠释，从政府债务能否善终的角度对公共债务可持续性加以判断，认为公共债务可持续性很大程度上等同于政府债务清偿能力的可持续性，在满足现值预算约束前提下，如果政府有主动清偿意愿，并且债务负担率等经济指标达到动态平衡，那么财政就是可持续的[109]-[113]。

而在 2008 年金融危机爆发之后，伴随着多国政府债务危机的爆发，人们开始意识到，此前对于公共债务可持续性的判断过于乐观。财政的可持续，不只需要满足财政的平衡，更需要对未来的债务冲击拥有足够的应对能力，公共债务可持续性也并非只是一个历史的、长期的概念，而是一个未来的、短期的概念[114]。危机冲击下的公共债务可持续性研究才是财政可持续问题的研究重点[115]-[119]。李丹基于对政府财政调整能力有限的考虑，结合我国具体财政反应特征对我国公共债务可持续性进行了研究，并纳入财政后备尝试性分析我国财政缓冲建设的导向，为后危机时期协调政策空间释放与财政缓冲建设提供了有益参考[120]。魏瑾瑞等人利用门槛模型分析了人口老龄化对未来公共债务可持续性的影响，基于人口老龄化可能带来的公共债务缺口，分析了未来公共债务可持续性水平，并发现了人口老龄化对财政状况带来的非线性影响[121]。

对于如何对公共债务可持续性水平进行度量，许多学者也做出了尝试。例如，通过检验政府债务是否满足跨期预算约束[122]-[124]，或者计算政府债务可持续的赤字水平[125],[126]。Celasun 等人从概率的角度用扇形图来分析公共债务的可持续性，用模拟方法引入了不确定性，选取决定财政赤字的关键变量的随机性，用模拟技术模拟债务的动态，并得出了在未来给定时点债务存量的概率分布[127]。Budina 和 van Wijnbergen 结合了动态模拟方法和平稳状态一致性方法，采用了用户压力测试和随机模拟来处理不确定性，推出了债务产出比的未来分布，估计了维持这个比例所需的财政调整[128]。直到 Bohn 于 1998 年提出了财政反应函数，即基于基本财政对于政府债务负债率是否呈正向反馈效应，来判断财政是否具有可持续性，开启了公共债务可持续性度量的新纪元[7]。但这一测算方法同样存在着缺陷，诸多实证结果表明，基本财政和政府债务负担率之间存在一定的非线性变化特征。Abiad 和 Ostry 在考察新兴经济体的财政反应机制时发现，政府债务负担率超过 50% 时，基本财政对政府负债的反馈效应由显著变为了微弱[129]。Ghosh 等人认识到基于线性模型的设定可能会忽略政府财政调整能力，有限的财政调整能力在面对政府负债的扩张过程中会逐渐出现“财政疲劳”的现象，即随着债务规模的扩大，政府财政盈余的增长速度会出现疲软，当政府债务水平超过一个临界时，政府财政盈余将无法满足偿债需求，陷入债务危机中。这一临界点被称为“债务水平上限”，而当前债务水平与上限之间的距离，被定义为“债务空间”，债务空间概念的提出，成为公共债务可持续性的重要度量指标[130]。

6.2.2 公共债务风险管理研究综述

关于政府债务风险的相关研究大体可以分为两类：定性层面的政府债务风险的界定和划分，定量层面的政府债务风险的评估指标体系建立。

国外对于政府债务风险的划分方法中最为著名的，就是 Polackova 提出的“财政风险矩阵”，她将政府债务分为四种：直接显性负债（如国际金融组织贷款、国际多边组织贷款和外国政府贷款），或有显性负债（如政府担保的不良资产），直接隐性负债（如未来的社会保障、医疗保障），或有隐性负债（如国企的不良资产）[131]。相应地，债务风险也可以划分为直接显性财政风险、直接隐性财政风险、或有显性财政风险和或有隐性财政风险。此后的诸多债务风险研究，均建立于“财政风险矩阵”的框架之上。

国内对政府债务风险的划分方法研究颇多。例如，按照政府级别划分，可以分为中央财政风险和地方财政风险，而地方财政风险还可细分为省财政风险，市财政风险，县财政风险，乡、镇财政风险。很显然，由于各级政府财权和事权不同，面临的各种不确定因素也不尽相同，财政风险在各级政府，尤其在中央政府和地方政府之间的表现是不同的。这决定了不同级别政府的财政风险在评估指标的选择上不能完全相同[132],[133]；按照财政风险在财政运行各环节的具体表现来划分，可以划分为财政收入风险、财政支出风险、财政赤字风险和债务风险。我国许多财政学者在研究财政风险评估时都选择了这一类型划分，马恩涛就以此建立了对我国直接显性财政风险的评估体系[134]；按照内生性和外生性可划分为内生风险和外生风险，内生风险是指财政系统内部因素造成的财政风险，外生风险是指由财政系统外部因素造成的财政风险，一般是在经济和社会运行机制不健全时由不确定性因素引起的需要财政“兜底”的风险；按照引发财政风险的主客观因素可划分为主观财政风险与客观则政风险，主观财政风险是指由主观因素引起的如决策风险、管理风险和政策风险，客观风险则是指由客观因素引起的财政风险。

早期的政府债务风险评估体系由 Schmidt 于 1984 年提出，他在债务研究中最早提出了“早期预警指标”这一概念[135]，Ciarlone 和 Trebeschi 以此为基础，结合当时的政策经济环境，对多个国家的主权债务危机进行了预测和分析[136]。在这种较为简单的指标模式中，对风险的评估主要通过选择规模指标、流动性指标和偿债能力指标以及相应的判断标注。规模指标旨在显示地方政府的债务水平，如负债率、负债资产比，流动性指标衡量地方政府在收支的流量上能够维持平衡，如偿债率、债务利息支出/经常性盈余等，偿债能力指标衡量了地方政府综合财力能否对已有或预计的债务完全覆盖，如债务率、债务余额/经常性收入等指标。国内最早的政府债务风险分析主要针对中央政府。刘星等人意识到国外风险预警中定义的地方政府债务警戒线并不适合中国情况，他们根据中国具体的经济形式和体制，向下适度调整了风险预警体系中的债务警戒线[137]。缪小林和伏润民认为地方政府债务可持续性测度最重要的影响因素是预算缺口、债务成本与收入效应，并通过经验分析说明目前中国地方债务总体上是可持续的，但区域上的差异带来可持续性的差异[138]。裴育构建了较为完整全面的评估指标分析框架，他将选定的指标根据风险特征分组，分别反映宏观经济态势、地方财政收支状况、债务规模与结构状况、财政分配体制、财政支出效益等，具体来说一共选择了 27 个经济指标用于评估体系[139]。

随着金融行业的发展，资产证券化范围扩大，政府债务风险开始变得更加复杂和隐蔽，简单的指标模型不足以对现有的政府债务风险进行有效的评估，一些更复杂的指标模型逐渐被开发出来。Kaminsky 等人最早基于信号分析的方法构造了 KLR 模型，通过对一些宏观经济变量的选择与构造，将风险等级量化[140]。部分学者将从生物学演化出的人工神经网络模型与风险评估模型相结合，基于神经网络中各个神经节传导信息方式，模拟风险的传导机制[141]。基于 Polackova 提出的“财政风险矩阵”，许涤龙和何达之根据财政风险矩阵将评估指标分为四个方面：直接显性风险，包括财政集中率、税收收入占财政收入比重、税收弹性、中央财政收入占全国财政收入的比重、投资性支出占财政支出的比重、财政赤字率、外债负债率、国债负担率、国家财政债务依存度、国债偿债率；或有显性风险，包括经济增长率、失业率、通货膨胀率、国有工业企业资产负债率、国有银行不良贷款率；直接隐性风险，包括预算外支出占财政支出的比重、财政支出对财政收入的弹性、预算外收入占财政收入比重；或有隐性风险，包括股票市值/GDP[142]。

除上述基于指标模型的评估体系外，还存在另外一类基于回归模型的评估方法。在 KLR 模型的基础上，Berg 和 Pattillo 从多个方面拓展了原指标分析方法得到 BP 模型，改变测定的指标阈值或利用多元 Probit 回归模型分析货币危机以达到风险评估的目的[143]。Bussière 和 Mulder 将模型进一步扩展，在危机的监测和预防过程中加入一些代理变量以及选取的资产负债表变量，构建了 PDR 模型[144]。Ciarlone 和 Trebeschi 利用多元 Logit 模型构建了主权债务危机的早期预警系统，模型中包含了一系列宏观变量，并能够对未来预期水平进行估算[136]。

总体而言，现有研究虽然对公共债务本身存的可持续性问题以及其可能引发的金融风险问题进行了广泛的讨论，但对公共债务产生的金融风险的传导机制缺乏深入研究，因此无法系统性地判断公共债务激增的发生对金融稳定性的影响，本书通过局部投影方法为公共债务激增产生的金融风险及其如何影响金融稳定性提供了一个科学的实证检验方法。

6.3　基于局部投影方法的脉冲响应分析模型构建

本节同样采用局部投影方法对公共债务激增对金融稳定性的影响展开研究。首先我们给出累计脉冲响应的定义模型：

$$\begin{aligned} CR\left(\Delta_h y^k_{it(p)+h},\ \varepsilon\right) = & E_{it(p)}\left[\Delta_h y^k_{it(p)+h} \mid x_{it(p)} = \bar{x}_i + \varepsilon;\ Y_{it(p)},\ Y_{it(p)-1},\right. \\ & \left.\cdots,\ Y_{it(p)-J}\right] - E_{it(p)}\left[\Delta_h y^k_{it(p)+h} \mid x_{it(p)} = \bar{x}_i;\right. \\ & \left.Y_{it(p)},\ Y_{it(p)-1},\ \cdots,\ Y_{it(p)-J}\right] \end{aligned} \tag{6.1}$$

其中，$y^k_{it(p)}$表示待解释的金融稳定性相关变量，$k=1,\ \cdots,\ K$ 表示变量的维度，i 表示经济体的维度，$t\ (p)$ 表示第 p 个扩张期或衰退期开始的时间节点，$h=1,\ \cdots,\ H$ 表示在扩张期或衰退期开始后第 h 期。$CR\left[\Delta_h y^k_{it(p)+h},\ \varepsilon\right]$ 即表示宏观变量$y^k_{it(p)}$在扩张或衰退的开始时间节点 $t\ (p)$后第 h 期的平均累计响应值，它刻画了冲击变量$x_{it(p)}$在偏离平均水平$\bar{x}_i$一单位标准差 ε 后，宏观变量的变化与基准水平变化的差值。其中$Y_{it(p)}$表示控制变量，它是一个高维向量，J 表示其滞后阶数。

类似地，对于累积响应 $CR\left[\Delta_h y^k_{it(p)+h},\ \varepsilon\right]$ 的估计，我们同样可以通过一个固定效应的面板回归模型来实现，本节将研究重点聚焦于公共债务激增在经济衰退期对金融稳定性的影响：

$$\begin{aligned} \Delta_h y^k_{it(p)h} = & \mu^k_D d_{D,it(p)} + \beta^k_{h,D} d_{D,it(p)}\left(\Delta g_{it(p)} - \Delta\bar{g}_{it(p)}\right) \\ & + \sum_{j=0}^{J} \Gamma^k_{h,j} Y_{it(p)-j} + \alpha^k_i + u^k_{h,it(p)} \end{aligned} \tag{6.2}$$

其中，$d_{D,it(p)}$为表示经济衰退期开始的虚拟变量，衰退开始时为1，否则为0。衰退期的界定同样是基于转折点法，对各经济体GDP的周期性转折点进行识别。通过确定GDP的峰值和谷值，将经济整体趋势划分为不同的扩张期与衰退期。$\Delta \bar{g}_{it(p)}$表示不同衰退期前10年公共债务变化率$\Delta g_{it(p)}$的平均水平。估计值μ_D^k表示衰退期的平均累计响应值。公共债务变化率$\Delta g_{it(p)}$在衰退期带来的不同边际效应则由$\beta_{h,D}^k$表示。$\sum_{j=0}^{J}\Gamma_{h,j}^k Y_{it(p)-j}$表示滞后期为$j$的控制变量组，$\Gamma_{h,j}^k$为它的系数矩阵。$\alpha_i^k$表示经济体$i$的固定效应，$u_{h,it(p)}^k$为残差项。

本研究考虑的金融稳定性从狭义金融稳定性和广义金融稳定性两个角度深入展开讨论。现有研究中，狭义的金融稳定性特指金融系统或银行业的稳定性水平，通常通过三个重要指标来表征，分别是银行净资产总额与GDP比率、银行的加权平均Z分和银行业信贷总额与GDP比率。三个指标分别从银行业总体量、抗风险水平、金融业深度三个方面对金融系统整体的稳定性水平进行了度量。而广义金融稳定性的定义除了考虑金融系统本身外，还考虑了宏观经济稳定性、家庭部门稳定性和对外部门稳定性等层面的影响，因此还涉及诸多变量，宏观经济稳定性包括GDP增长率和通货膨胀增长率，家庭部门稳定性则由家庭消费变化率表征，对外部门稳定性则由政府经常账户余额变化率、国际储备变化率、汇率变化率和国外直接投资与GDP比率的变化率共同刻画。冲击变量x_{it}则使用公共债务负债率的变化率，用公共债务负债率变化率的一单位正向标准差来刻画公共债务的激增。控制变量Y_{it}则包括了上述宏观变量的一阶差分项。为了避免同期经济变量导致的内生性问题，本研究中控制变量的滞后阶数至少为1。

同样，本研究依旧使用了上一章节中的包含了54个经济体（发达经济体19个，新兴发展中经济体35个）1970年到2021年数据的面板数据集，数据来源均为世界银行发布的世界发展指标数据库（World Development Indicators，WDI）。

6.4　两次公共债务激增的货币政策背景差异

本研究首先讨论了公共债务激增如何影响金融稳定性在经济衰退期的变化，并重点关注了金融危机背景下的衰退，分析了在这种金融稳定性极度脆弱的背景下，公共债务激增对金融稳定性的影响是否会呈现差异。此外，本研究还进一步讨论了经济体发展水平带来的差异，通过将样本划分为发达经济体和新兴发展中经济体，进一步探究公共债务激增对金融稳定性的影响差异。

6.4.1　公共债务激增对金融稳定性的影响

图 6－1 展示了总产出 GDP 增长率、通货膨胀率、银行净资产总额与 GDP 比率、银行的加权平均 Z 分、银行业信贷总额与 GDP 比率、家庭消费变化率、经常账户余额变化率、国际储备变化率、汇率变化率和国外直接投资与 GDP 比率等变量从衰退期开始后近 5 年的累积脉冲响应值，以及在对公共债务增长率施加一单位标准差的正向冲击后各宏观变量的累积响应值的变化。阴影区域内的实线表示普通衰退的平均路径，阴影区域是 95% 置信区间。虚线表示公共债务增速受到一单位标准差正向冲击后的衰退路径。从图中我们可以看到，衰退期开始时金融系统受到的负面冲击是明显的，银行净资产总额与 GDP 比率下降约 4.35%，说明银行业整体的营利能力有了显著下降，在第 2 年才恢复到衰退前水平；银行的加权平均 Z 分下降约 1.90，这意味着银行业的抗风险能力显著下降，不良资产明显增加，直到衰退后的第 3 年才恢复到衰退前的水平；银行业信贷总额与 GDP 比率虽然上升了 0.91%，但增速相比于经济扩张期其实是明显放缓的，总体而言，衰退期的开始给银行业的稳定性带来了明确的负面冲击。而当公共债务激增发生时，银行业稳定性的各变量衰退路径有了明显的变化。公共债务激增下，银行净资产总额与 GDP 比率的下降比未发生激增时更加明显，且恢复速度也

更慢，直到衰退后第 5 年才恢复到衰退前水平，这说明公共债务激增对银行业的营利能力有更进一步的负面影响，这可能是由于大量公共债务融资吸收了原本投入私人信贷中的资本，这从银行业信贷总额与 GDP 比率的变化过程中可以得到印证，当公共债务激增发生时，额外的公共投资增长并没有对信贷起到拉动作用，反而是在随后表现出较为明显的挤出效应，减缓了银行业信贷总额与 GDP 比率的增长速度。从这两个角度可以看出，公共债务激增对银行业稳定性的影响是不利的，但从银行的加权平均 Z 分的变化中，可以看出公共债务激增在衰退初期对银行的加权平均 Z 分的下降有较为明显的抑制作用，这可能是因为额外的债务融资为政府提供了更多资金用于银行业的纾困，比如通过收购银行不良资产的方式为银行业提供抗风险能力的支持。整体上来看，公共债务激增对于狭义的银行业稳定性而言，其影响是复杂的且方向不一的。从金融市场层面，大量的公共债务挤出了私人信贷，对银行业的营利能力和金融业深度的影响是负面的，降低了金融稳定性；但从银行系统层面，政府通过债务融资获得了更多的资金空间用于对银行业系统展开救助，一定程度上增强了银行系统的抗风险能力，提高了金融稳定性。

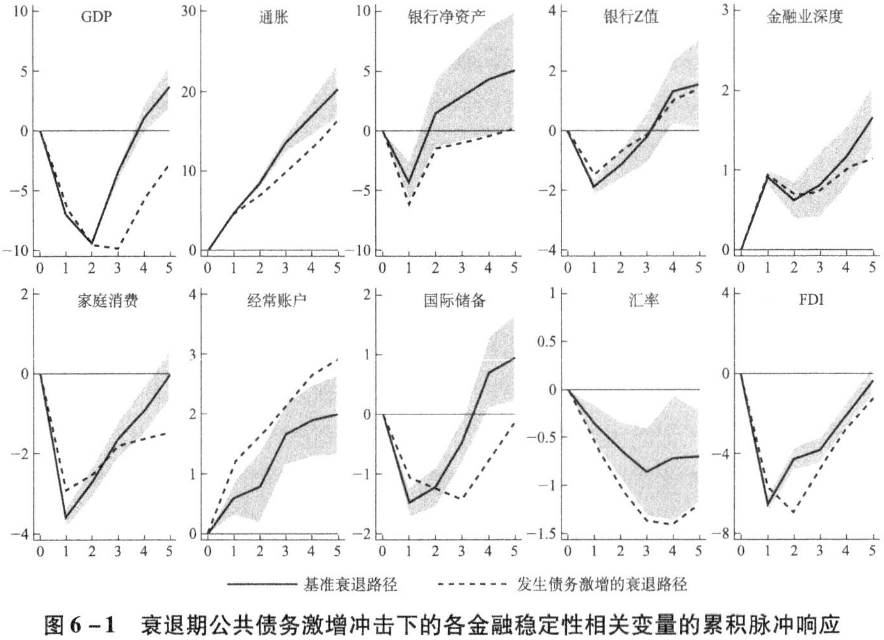

图 6－1　衰退期公共债务激增冲击下的各金融稳定性相关变量的累积脉冲响应

从广义的金融稳定性来看，公共债务激增的影响更多表现为负面。首先，宏观经济稳定性方面，与上一章节中的研究结果一致，在衰退发生时，总产出 GDP 的增长率有了明显的下降，约在衰退后第 4 年恢复到衰退前水平，而当公共债务激增发生时，在衰退初期其对总产出的下降起到了微弱的抑制作用，但后续因政府财政失衡而对经济复苏产生了严重的负面影响，延缓了经济的复苏进程；而通货膨胀方面，公共债务激增由于延缓了经济复苏，在通胀的变化上也表现出了抑制作用。而对于家庭部门稳定性而言，经济衰退导致家庭部门受到较大冲击，消费水平大幅下降，约到衰退后第 5 年才恢复到衰退前水平，而公共债务激增在衰退初期一定程度地缓解了家庭部门消费的收缩，这主要是得益于政府通过债务融资为家庭部门提供了更多的转移支付，从而保障了家庭部门的福利水平，但从长远来看，公共债务激增由于约束了经济复苏的进程，也进一步导致了家庭部门消费水平的复苏进程被延缓。对于对外部门的稳定性而言，公共债务激增的负面影响是更明确的。在衰退期开始时，由于经济发展的低迷，导致大量资本外流，外部直接投资下降，货币贬值，汇率持续走低，国际储备在应对汇率波动中也被消耗，经常账户余额呈现出衰退性贸易顺差，即进出口同时下降，但出口下降更为严重。当公共债务激增发生时，不仅没能起到提振经济的作用，反而使政府陷入财政困境，从而加剧了外部投资者的恐慌，导致了更为严重的资本出逃，外部直接投资进一步下降，汇率持续走低，国际储备的恢复速度也会明显下降，经常账户余额的衰退型贸易顺差会进一步凸显。

表 6-1 更直观地给出了关于银行业稳定性的相关变量的固定效应面板模型中衰退期虚拟变量的参数 μ_D^k 的估计结果，以及用于度量公共债务变化率边际效应的参数 $\beta_{h,D}^k$ 的估计结果，这些参数被直接用于计算总产出累积脉冲响应值。括号中为各参数的标准误差。可以看到，在通过衰退期虚拟变量的局部投影明确了银行业稳定性的相关变量在衰退时期的变化路径后，公共债务变化率在模型中依然可以表现出明显的边际影响。对于银行净资产总额与 GDP 比率，这一影响始终为负向，且前期较为显著；对于银行的加权平均 Z 分，公共债务激增的影响前期表现为显著的正向影响，后期影响并不显著；对于银行业信贷总额与 GDP

比率，公共债务激增的影响前期表现为微弱的正向影响，后期转变为显著的负向影响。

表6－1　衰退期虚拟变量和公共债务变化率在金融稳定性的相关变量模型中的估计结果

		第1年	第2年	第3年	第4年	第5年
银行净资产	μ_D^k	－4.347*** (1.023)	1.471** (0.589)	2.858** (1.212)	4.279* (2.328)	5.032 (6.092)
	$\beta_{h,D}^k$	－0.585** (0.124)	－0.903** (0.448)	－1.205* (0.495)	－1.437** (0.699)	－1.482* (0.717)
银行Z值	μ_D^k	－1.903*** (0.278)	－1.145** (0.391)	－0.230** (0.110)	1.307* (0.771)	1.538* (0.823)
	$\beta_{h,D}^k$	0.005* (0.003)	0.136** (0.047)	0.024* (0.013)	－0.103 (0.193)	－0.049 (0.132)
金融业深度	μ_D^k	0.911* (0.498)	0.623** (0.186)	0.816** (0.332)	1.159* (0.798)	1.672* (0.812)
	$\beta_{h,D}^k$	0.008** (0.003)	0.019* (0.011)	－0.027** (0.009)	－0.044** (0.018)	－0.164 (0.249)
R-square		0.629	0.587	0.536	0.523	0.496
经济体数量		54	54	54	54	54

注：***, **, *分别表示显著性水平达到1%，5%和10%，括号内数值为标准误差。

总体来看，公共债务激增虽然能帮助政府在经济衰退期通过收购银行不良资产的方式来增强银行系统的抗风险能力，从一定程度上缓解经济衰退导致的金融稳定性下降，但整体来看，公共债务激增对金融稳定性的负面影响更为显著，这些影响表现在对私人信贷的挤出从而降低了银行业的营利能力，以及从广义金融稳定性的角度，对宏观经济复苏的抑制，对家庭部门消费复苏的抑制，以及对外汇市场的冲击和引发的外资出逃。

6.4.2　金融危机导致的衰退中公共债务激增对金融稳定性的影响

现有文献中对金融稳定性的讨论，往往更加关注金融危机时期，因为金融危机时期的金融稳定性往往更加脆弱，银行业也更容易受到外界冲击而发生崩溃，甚至引发金融系统的全面崩溃，进而导致更严重的经济危机和衰退。因此，本研究也将经济衰退期的样本进行了分组，将经济衰退分为普通衰退和与金融危机有关的经济衰退两种，通过分组实验，进一步对比分析了公共债务激增在普通衰退期和与金融危机有关的衰退期对金融稳定性的影响。

图 6－2 展示了总产出 GDP 增长率、通货膨胀率、银行净资产总额与 GDP 比率、银行的加权平均 Z 分、银行业信贷总额与 GDP 比率、家庭消费变化率、经常账户余额变化率、国际储备变化率、汇率变化率和国外直接投资与 GDP 比率等变量在不同类型的衰退期开始后近 5 年的累积脉冲响应值，以及在对公共债务负债率施加冲击后的累积响应值的变化。深色代表与金融危机相关的衰退期，浅色代表与金融危机无关的普通衰退期。实线表示衰退期没有发生公共债务激增的基准衰退路径，而虚线则表示公共债务增速受到一单位标准差正向冲击后的衰退路径。

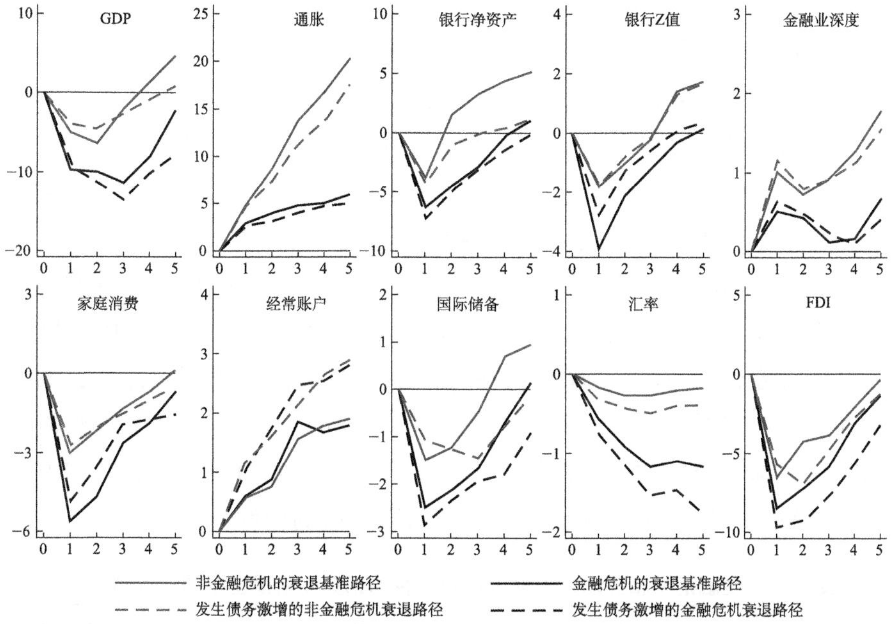

图 6－2　不同类型衰退期公共债务激增冲击下的各变量累积脉冲响应

从图 6－2 中可以看到，在与金融危机有关的衰退期和普通衰退期，金融稳定性确实表现出显著的差异。从银行业稳定性角度来看，银行净资产总额与 GDP 比率在与金融危机相关的衰退开始时下降了 6.35%，远高于普通衰退期的3.85%，且在普通衰退后的第2年，银行净资产总额与GDP比率就恢复到了衰退前的水平，而在与金融危机相关的衰退中，需要到衰退后的第4年才能恢复到衰退前水平；银行的加权平均Z分在与金融危机相关的衰退开始时下降了3.90，同样远高于普通衰退期的1.81，且在普通衰退后的第3年，银行的加权平均Z分恢复到了衰退前的水平，而在与金融危机相关的衰退中，需要到衰退后的第5年才能恢复到衰退前水平；对于银行业信贷总额与GDP比率，与金融危机相关的衰退中，其上升速度进一步下降，仅有0.51%，远低于普通衰退期1.02%的增速。银行业的相关指标都表明了在金融危机相关的衰退中，银行系统都承受了更严重的冲击，金融稳定性更加脆弱。而当公共债务激增发生时，金融系统的脆弱性会进一步放大公共债务激增带来的影响，但整体的影响方向与普通衰退期保持一致。尤其是银行的加权平均Z分，公共债务激增的发生能显著缓解金融危机导致的衰退期间银行Z分的下降，究其原因，主要是由于在金融危机导致的衰退期间，公共债务为政府向银行业提供更有力的纾困政策提供了资金支持，如2008年全球金融危机期间，以美国和欧洲发达经济体为典型代表，都通过大量发行公共债务进行融资，对严重受挫的银行业系统提供了大量的财政支持，也正是如此，才帮助银行业勉强度过这场影响深远的金融危机。

表6-2和表6-3分别展示了关于银行业稳定性的相关变量的固定效应面板模型中衰退期虚拟变量的参数μ_D^k的估计结果，以及用于度量公共债务变化率边际效应的参数$\beta_{h,D}^k$的估计结果，括号中为各参数的标准误差。可以看到，无论是与金融危机相关的衰退或是无关的普通衰退，公共债务激增的影响都依然保持显著，且与此前的结论和影响方向保持一致，这也一定程度上验证了本研究模型的稳健性。

表6-2 金融危机相关的衰退期金融稳定性的相关变量模型中的估计结果

		第1年	第2年	第3年	第4年	第5年
银行净资产	μ_D^k	-6.347*** (1.265)	-4.471*** (1.329)	-2.858** (1.039)	-0.279** (0.134)	1.032* (0.589)
	$\beta_{h,D}^k$	-0.237** (0.101)	-0.130** (0.062)	-0.052** (0.024)	-0.293* (0.167)	-0.302 (1.428)

续表

		第 1 年	第 2 年	第 3 年	第 4 年	第 5 年
银行 Z 值	μ_D^k	-3.903***	-2.145**	-1.230***	-0.307**	0.138
		(1.238)	(1.034)	(0.393)	(0.127)	(0.362)
	$\beta_{h,D}^k$	0.294***	0.222***	0.179**	0.099**	0.063*
		(0.071)	(0.062)	(0.073)	(0.043)	(0.052)
金融业深度	μ_D^k	0.511**	0.423**	0.116**	0.159*	0.672
		(0.196)	(0.183)	(0.049)	(0.137)	(1.145)
	$\beta_{h,D}^k$	0.033**	0.016*	0.030*	-0.015*	-0.069**
		(0.012)	(0.010)	(0.019)	(0.011)	(0.029)
R-square		0.632	0.610	0.583	0.578	0.489
经济体数量		44	44	44	44	44

注：***，**，*分别表示显著性水平达到 1%，5% 和 10%，括号内数值为标准误差。

表 6-3　非金融危机相关的衰退期金融稳定性的相关变量模型中的估计结果

		第 1 年	第 2 年	第 3 年	第 4 年	第 5 年
银行净资产	μ_D^k	-3.847**	1.571*	3.258**	4.379*	5.132
		(1.321)	(0.928)	(1.536)	(3.672)	(5.291)
	$\beta_{h,D}^k$	-0.223**	-1.464**	-1.841**	-2.216*	-2.176*
		(0.121)	(0.539)	(0.786)	(1.598)	(1.628)
银行 Z 值	μ_D^k	-1.803**	-1.045***	-0.220**	1.407	1.738
		(0.592)	(0.321)	(0.102)	(1.637)	(1.928)
	$\beta_{h,D}^k$	0.010**	0.135***	0.027**	-0.075	-0.033*
		(0.004)	(0.021)	(0.011)	(0.293)	(0.024)
金融业深度	μ_D^k	1.011**	0.723**	0.916**	1.259*	1.772*
		(0.428)	(0.239)	(0.421)	(0.798)	(0.996)
	$\beta_{h,D}^k$	0.076**	0.039*	0.007*	-0.080	-0.129
		(0.021)	(0.022)	(0.006)	(0.239)	(0.592)
R-square		0.612	0.575	0.517	0.483	0.426
经济体数量		49	49	49	49	49

注：***，**，*分别表示显著性水平达到 1%，5% 和 10%，括号内数值为标准误差。

而从广义的金融稳定性角度来看，在与金融危机相关的衰退期，宏观经济稳定性、家庭部门稳定性和对外部门稳定性都受到了更严重的冲击，表现出了相较于普通衰退期更为严重的脆弱性。具体表现为总产出 GDP 增长率的下降更为明显，且复苏速度更慢，通货膨胀的增速进一步放缓，并表现出一定的通货紧缩的迹象，家庭部门消费下降更为剧烈，外资出逃情况更为严重，汇率出现崩溃情况，并且无法在短时间内遏制住汇率下滑的趋势，国际储备大幅下降。而公共债务激增带来的影响与此前的结论基本保持一致，只是在程度上表现出一定差异。在金融危机相关的衰退过程中，由于金融稳定性整体表现更为脆弱，这进一步放大了公共债务激增对各变量的影响，加剧了激增导致的金融稳定性恶化。

6.4.3 公共债务激增对不同发展程度经济体的金融稳定性的影响差异

一个国家的经济发展程度与其金融稳定性水平有着密切的联系。发达经济体依托于经济发展水平的优势，往往比新兴发展中经济体有更强的应对金融波动的能力，无论是对广义的金融稳定性而言，还是狭义地针对银行业的金融稳定性，发达经济体都更具优势。因此，本研究也将经济体样本进行了分组，通过对发达经济体和新兴发展中经济体进行分组实验，进一步对比分析了公共债务激增在不同发展程度的经济体中对金融稳定性的影响是否存在显著差异。

图 6 – 3 展示了总产出 GDP 增长率、通货膨胀率、银行净资产总额与 GDP 比率、银行的加权平均 Z 分、银行业信贷总额与 GDP 比率、家庭消费变化率、经常账户余额变化率、国际储备变化率、汇率变化率和国外直接投资与 GDP 比率等变量在不同发展水平经济体中的衰退期开始后近 5 年的累积脉冲响应值，以及在对公共债务负债率施加冲击后的累积响应值的变化。深色代表发达经济体的衰退期，浅色代表新兴发展中经济体的衰退期。实线表示衰退期没有发生公共债务激增的基准衰退路径，而虚线则表示公共债务增速受到一单位标准差正向冲击后的衰退路径。

从图 6 – 3 中可以看到，在不同发展水平的经济体间，金融稳定性在衰退期也表现出显著的差异。从银行业稳定性角度来看，银行净资产总额与 GDP 比率在发达经济体的衰退开始时下降了 1.70%，远低于新兴发展中经济体的 4.92%，且在普通衰退后的第 2 年，银行净资产总

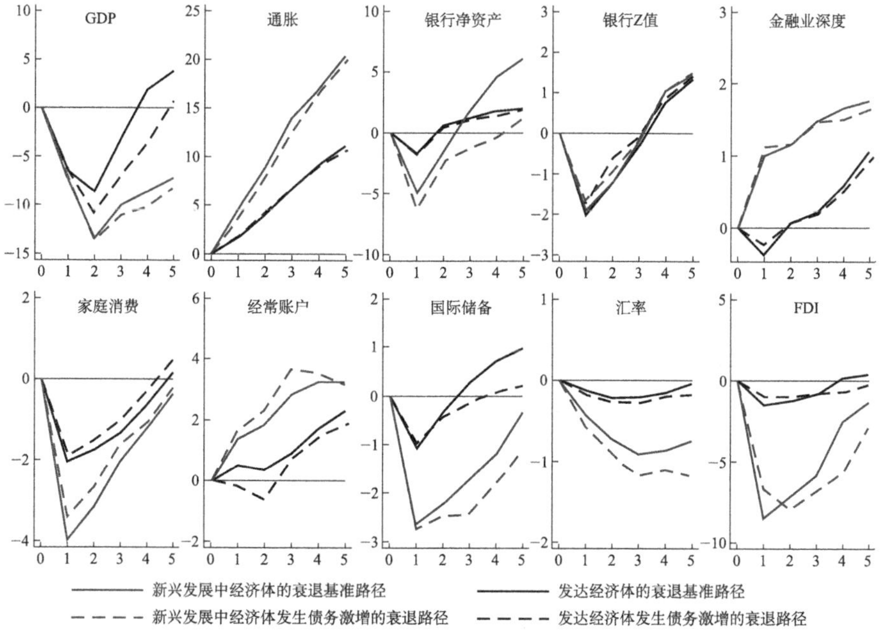

图 6－3　不同类型经济体在衰退期公共债务激增冲击下的各变量累积脉冲响应

额与 GDP 比率就恢复到了衰退前的水平，而在新兴发展中经济体的衰退中，需要到衰退后的第 3 年才能恢复到衰退前水平；银行的加权平均 Z 分在发达经济体的衰退开始时下降了 1.91，与新兴发展中经济体的 2.03 很接近，且与新兴发展中经济体相同，在衰退后的第 3 年，银行的加权平均 Z 分恢复到了衰退前的水平；对于银行业信贷总额与 GDP 比率，在发达经济体的衰退中，信贷首次出现下降的趋势，在衰退初期下降了 0.38%，而在新兴发展中经济体的衰退中，银行业信贷总额与 GDP 比率依然保持着增长的趋势，但相较于经济扩张期明显增速减缓。银行业的相关指标在不同发展水平的经济体间表现出了差异，由于发达经济体的经济和金融发展水平更加超前，其银行业对经济衰退的抵御能力也更强，具体表现为银行业的营利能力受到的影响相对较小，银行的风险抵御能力下降较小。但也正因如此，发达的金融业使发达经济体在衰退初期往往已经处于信贷规模过度膨胀的阶段，因此当衰退开始时，发达经济体往往会出现金融泡沫破碎而导致金融深度下降的情况，相较之下新兴发展中经济体的信贷规模仅是增速受损。而当公共债务激增发生时，其对不同发展阶段的经济体的银行业稳定性基本保持着与前文中相似的影响趋势，仅在影响的程度上存在微小差异。

表6-4和表6-5分别展示了关于银行业稳定性的相关变量的固定效应面板模型中衰退期虚拟变量的参数 μ_D^k 的估计结果，以及用于度量公共债务变化率边际效应的参数 $\beta_{h,D}^k$ 的估计结果，括号中为各参数的标准误差。可以看到，无论是发达经济体或是新兴发展中经济体，公共债务激增的影响都依然保持显著。

表6-4　发达经济体的衰退期金融稳定性的相关变量模型中的估计结果

		第1年	第2年	第3年	第4年	第5年
银行净资产	μ_D^k	-1.697*** (0.324)	0.591** (0.241)	1.258** (0.526)	1.785** (0.637)	2.032 (2.139)
	$\beta_{h,D}^k$	-0.071** (0.022)	-0.071* (0.047)	-0.112** (0.056)	-0.219 (0.147)	-0.048* (0.041)
银行Z值	μ_D^k	-2.027*** (0.129)	-1.213** (0.521)	-0.340** (0.129)	0.761* (0.461)	1.332 (1.398)
	$\beta_{h,D}^k$	0.164*** (0.025)	0.334*** (0.041)	0.133** (0.052)	0.065** (0.027)	0.048* (0.046)
金融业深度	μ_D^k	-0.376** (0.146)	0.062** (0.027)	0.214* (0.159)	0.587* (0.431)	1.067 (1.158)
	$\beta_{h,D}^k$	0.077** (0.021)	0.012* (0.011)	-0.012* (0.010)	-0.048** (0.023)	-0.085* (0.069)
R-square		0.589	0.573	0.526	0.487	0.457
经济体数量		19	19	19	19	19

注：***，**，*分别表示显著性水平达到1%，5%和10%，括号内数值为标准误差。

表6-5　新兴发展中经济体的衰退期金融稳定性的相关变量模型中的估计结果

		第1年	第2年	第3年	第4年	第5年
银行净资产	μ_D^k	-4.923*** (0.681)	-1.471** (0.578)	1.858* (1.763)	4.579 (4.782)	6.123* (4.298)
	$\beta_{h,D}^k$	-0.366*** (0.083)	-0.248** (0.119)	-0.808** (0.381)	-1.313* (0.717)	-1.292 (1.029)
银行Z值	μ_D^k	-1.913*** (0.461)	-1.245** (0.594)	-0.221*** (0.039)	1.032* (0.661)	1.436* (1.020)
	$\beta_{h,D}^k$	0.074*** (0.012)	0.077** (0.023)	0.011** (0.005)	0.010* (0.008)	0.011* (0.009)

续表

		第 1 年	第 2 年	第 3 年	第 4 年	第 5 年
金融业深度	μ_D^k	1.011 ** (0.367)	1.160 * (0.761)	1.482 * (0.986)	1.659 (1.563)	1.767 (1.871)
	$\beta_{h,D}^k$	0.030 ** (0.009)	0.002 (0.031)	-0.002 (0.219)	-0.038 * (0.031)	-0.033 * (0.029)
R-square		0.578	0.546	0.511	0.476	0.451
经济体数量		35	35	35	35	35

注：***, **, *分别表示显著性水平达到 1%，5% 和 10%，括号内数值为标准误差。

从广义的金融稳定性角度来看，新兴发展中经济体由于经济发展水平较低，抵御经济衰退的能力更弱，因此在宏观经济稳定性、家庭部门稳定性和对外部门稳定性都受到了更严重的冲击，表现出了相较于发达经济体更为严重的脆弱性。具体表现为总产出 GDP 增长率的下降更为明显，且复苏速度更慢，家庭部门消费下降更为剧烈。尤其是对外部门的稳定性中，新兴发展中经济体的外资出逃情况更为严重，货币贬值也更迅速，这主要是由于新兴发展中经济体在外汇市场中往往不具备货币定价的主导权。而公共债务激增带来的影响与此前的结论基本保持一致，只是在程度上表现出一定差异。在新兴发展中经济体的衰退过程中，由于金融稳定性整体表现更为脆弱，这进一步放大了公共债务激增对各变量的影响，加剧了激增导致的金融稳定性恶化。

6.5　本章小结

本章延续了第 5 章中对公共债务激增对宏观经济影响的讨论。进一步沿用了局部投影方法，分析了公共债务激增在经济衰退期对广义金融稳定性和狭义金融稳定性相关变量的影响，通过对累积脉冲响应的测算，比较分析了激增导致的各变量在衰退路径上的差异。此外，本章还对比分析了金融危机导致的衰退和普通衰退，以及对于不同发展水平的经济体样本，公共债务激增带来的金融稳定性影响差异。本章的主要发现如下：

（1）公共债务激增对于银行系统稳定性的影响是两方面的，从金融市场层面，公共债务激增对私人信贷的挤出效应一定程度上抑制了银行业的营利能力，削弱了银行系统的稳定性，但另一方面，政府依靠债务融资获得的资金有助于支持政府开展更多的针对银行业的纾困，通过收购银行业不良资产来增强银行系统的风险抵御能力，从而增强银行系统的稳定性。因此，公共债务激增对于银行业稳定性的影响具有两面性，取决于债务融资的资金流向。但从广义金融稳定性的角度而言，公共债务激增对宏观经济稳定、家庭部门稳定、对外部门稳定都表现出负面影响，加剧了金融业在衰退期的脆弱性。

（2）在金融危机导致的衰退中，由于金融危机期间的金融稳定性已经非常脆弱，这进一步放大了公共债务激增对金融稳定性的冲击，这使得金融稳定性在金融危机导致的衰退期间会因公共债务激增的发生而进一步恶化，甚至导致更严重的衰退和危机出现。

（3）对于不同经济发展阶段的经济体而言，公共债务激增对金融稳定性的影响表现出差异，尤其是在对银行业稳定性的影响方面。发达经济体因其经济发展程度的优势，相较新兴发展中经济体，在银行业的营利能力和抗风险能力方面更具优势。但同样由于金融市场的高度发达，在衰退期开始时更容易出现信贷泡沫破碎的情况，公共债务激增的发生也会因信贷泡沫破碎而对金融稳定性造成更严重的冲击。

第 7 章

公共债务激增对金融危机和财政危机风险影响

在前一章的探讨中，我们已证实公共债务激增所引发的财政脆弱性和金融市场的波动，对经济产生的负面影响与公共债务积压有着显著的区别。更重要的是，这种影响在经济衰退期表现得尤为严重，加剧了经济的下滑和复苏的困难。这一研究结果引发了我们对另一个重要的问题的深思：当低迷的经济形势与公共债务激增的冲击相结合时，是否会引发更为深重的危机？为了更深入地探究这一问题，本章构建了一系列计量模型，对公共债务激增会导致金融危机和财政危机的风险加剧这一假设加以验证。本章的主要工作如下：通过比较危机发生的无条件概率和以公共债务激增为前提的条件概率，验证公共债务激增与危机之间在统计上的显著关联。基于固定效应面板 Logit 回归，构建了各类金融危机与财政危机的预警模型，引入公共债务激增作为关键解释变量，验证了公共债务激增在危机预警中的作用。对比分析了公共债务激增在不同发展程度的经济体之间带来的危机风险差异。

7.1 引言

公共债务是一把双刃剑。合理且适度地使用它，可以提高社会福利，有利于经济增长。但是，如果不谨慎或过度地使用它，公共债务将会成为经济的沉重负担。尤其是在经济增长缓慢，永久性产出受损时，公共债务甚至会带来危机。以往的研究更重视公共债务的存量，认为公共债务积压是具有重大风险的。因为这会加剧一个国家在面对经济和金融冲击时的脆弱性，包括政府部门再融资成本的增加和财政调节能力的减弱。

但对于低负债的国家而言，激进的发债行为就是毫无风险的吗？上一章节中我们已经证实了公共债务激增在不同的债务水平下都会对经济产生负面的影响，而现实中似乎也同样如此，一些国家在公共债务率较低的条件下依然触发了危机，如 2007 年的西班牙和爱尔兰，公共债务负债率仅为 36% 和 25%，却在此后的两年内面临金融体系全面崩溃，经济衰退的窘境。本书提出了一个新的观点并对其做出了实证检验：相比于公共债务积压，公共债务的激增才是引发危机的关键。公共债务的激增不仅导致了脆弱性的骤增，还传递出了政府财政状况突然变弱的信号，这一信号会经由市场被放大，进而引发经济与金融环境的突变和震荡。这使得公共债务的激增更值得被关注，因为危机的发生往往不仅是由于脆弱性本身，环境的突变才是关键[22]。公共债务积压带来的风险往往隐匿在繁荣经济的背后默默积累，而债务激增则可能是将油桶引爆的火苗。

传统的危机理论在解释危机发生原因时，通常侧重于两个角度：内部的脆弱性和外部的冲击。以金融危机为例，大量的宏观经济和金融指标被用于金融危机的研究和预警中，但引发金融危机的原因无外乎两个方面，一方面是导致金融系统自身的脆弱性的因素，如财政调节能力弱（高公共负债率、高财政赤字率），银行业处于系统困境（银行高不良资产率、金融市场低流动性），国际贸易处于劣势地位（国际储备低、国外直接投资占比低）等；另一方面则是经济、金融环境的突变，如国家内部经济崩溃（GDP 增长率下降、通货紧缩、失业率激增），金融市场泡沫破碎（私人信贷膨胀、资产价格虚高），或是国际经济贸易环境突变带来的外部冲击（黄金、原油价格突变，经常账户赤字激增，汇率激增）等。谈及公共债务与危机的关联时，已有的研究都更关注债务积压，却少有人关注债务激增，本书为两者之间存在的关联找到了一些证据，并将公共债务激增引入危机预警模型的构建中，惊喜地发现它在货币危机、主权债务危机和财政危机的预警中发挥了重要的作用。

本章后面的研究内容安排如下：7.2 节综述了现有研究中对公共债务与财政危机和金融危机之间的讨论；7.3 节讨论了公共债务激增与各类危机发生的相关性；7.4 节构建了各类危机的预警模型，通过引入公共债务激增作为主要解释变量，来进一步探究其在危机预警中的作用；7.5 节为本章小结。

7.2　公共债务与财政危机和金融危机的研究综述

公共债务与危机之间的联系目前仍是没有定论的。一些观点认为，各国，特别是那些发行储备货币的国家，应该利用低利率，借入更多资金，为政府的财政支出提供资金支持[145]-[153]。而另一部分否定的声音则认为，高债务会增加危机的风险，限制反周期财政刺激的空间，并抑制私人投资，从而对长期增长造成压力[5],[154],[155]。

公共债务的拥护者秉持着两个观点。一是，公共债务促进了长期的经济增长。政府对物质和人力资本的投资可以为更强劲的长期增长提供重要的基础。鉴于未来十年潜在 GDP 增长率（一个经济体能够在充分就业和充分产能的情况下维持的增长率）预计将进一步放缓，此类投资变得更加紧迫[156]。特别是在新兴市场和发展中国家，2018—2027 年的潜在 GDP 年增长率预计将放缓 0.5 个百分点，至 4.3%，远低于

2002—2007 年 6.7% 的平均年增长率。如果基于公共债务融资的投资支出可以遏制潜在增长的放缓，它将有助于保持偿还该债务所需的收入[157]。二是，公共债务稳定了短期的宏观经济波动。临时的公共债务积累可以在帮助最小化和扭转短期经济衰退方面发挥重要作用。公共债务资助的政府支出或减税可以提供经济刺激，以扩大需求和消费[158],[159]。丰富的文献对这一观点的细节进行了讨论。具体而言，公共债务在经济衰退期间的产出效应往往大于扩张期间的产出效应；在发达经济体的产出效应大于新兴的发展中经济体；增加政府支出的效果强于减税；如果加上更宽松的货币政策，这一产出效应的规模会更大[160]-[165]。

而公共债务的反对者则认为公共债务会在经济低迷时限制财政行动。高债务限制了政府用反周期财政政策应对经济衰退的能力[166]-[168]。全球金融危机期间的情况就是如此：2008—2009 年，高政府债务国家的财政刺激远远小于低债务国家[169]。疲弱的财政状况往往与更深更长的衰退联系在一起，如果私营部门也陷入困境，政府会因试图拯救私营企业而使债务转移到政府的资产负债表上，公共债务情况就会恶化。此外，公共债务还会降低财政政策的有效性。大量实证检验证明，当政府债务较高时，财政乘数较小，这一结论在宽泛的时间尺度下都是成立的。同样，在政府债务高企的情况下，由于通胀预期锚定得很差，货币政策的有效性也会降低[160],[170]-[174]。另外，公共债务的弊端还在于其对投资和经济增长的抑制。偿还更高债务的支出则需要通过增加借款、增加税收和减少政府支出的某种组合来融资。支出削减甚至可能包括关键政府职能的支出，如社会安全网或促进增长的公共投资[166],[175],[176]。另外，高企且不断上升的政府债务可能会提高长期利率和收益率利差。高债务也可能给宏观经济和政策前景带来不确定性，包括政府可能需要采取扭曲性税收来控制债务和赤字的风险[177],[178]。更高的利率和其不确定性往往会挤出提高生产力的私人投资，并对产出增长造成压力。虽然有经验证据表明，债务与增长之间存在负相关关系，但关于方向的因果关系的证据好坏参半[179]。

公共债务与危机的联系一直备受学者关注。大量理论研究阐释了公共债务与金融危机和财政危机相关的内在逻辑。首先，不断增长的公共债务负债率可能会削弱投资者的信心，要求政府为其债务支付不断上升的风险溢价。如果投资者担心政府债务的积累不再可持续，则有可能引发投资恐慌，导致财政危机和主权债务危机[5],[148]。其次，快速的公共债务积累如果导致投资者担心偿还外币债务的能力，会诱导投机攻击固定或挂钩货币，从而导致货币危机[180],[181]。此外，公共债务的增长会加剧私营部门资产负债表的脆弱性，进而引发银行业恐慌，导致银行业危机[182],[183]。但实证检验的结果却是让人困惑的。Savona 和 Vezzoli、Bruns 和 Poghosyan 的实证研究并没有发现公共债务对预测危机至关重要的证据[184],[185]，而 Cerovic 等人、Pamies 和 Berti 却发现了一些证据表明公共债务对预测危机至关重要[186],[187]。而在 Rogoff 的研究中，公共债务的变化率则是危机的一个显著预测因素[188]。Badia 等人基于机器学习的方法证实了公共债务与危机之间的强相关性，却并不能验证其因果关系[189]。

总体来看，现有研究缺少对公共债务激增的危机意识，没有将公共债务激增与危机建立更直观的联系。虽然现有研究主要聚焦于公共债务积压可能引发的主权债务违约风险，强调公共债务上限及其越线后的潜在危机，但这种视角可能过于狭窄。事实上，大量的现实案例表明，即使是负债率较低的国家也可能陷入类似的危机境地，这说明公共债务积压并非危机的唯一诱因。公共债务的激增同样会严重加剧财政的脆弱性，可能引发财政危机，这一点却往往被学者忽视。更为重要的是，公共债务的激增还会对金融市场产生显著影响，引发市场波动，并可能导致隐性债务的显性化，进而加剧金融风险。当这种风险积累到一定程度时，甚至可能引发金融危机。因此，我们有必要将公共债务激增与金融危机和财政危机联系起来，深入探讨其间的内在关联。公共债务激增不仅可能是一个重要的危机预警标志，而且可能是金融危机与财政危机的重要诱因。加强对公共债务激增的监测和预警，将有助于我们更好地防范和应对潜在的金融危机和财政危机。

7.3 公共债务激增与金融危机和财政危机的相关性研究

7.3.1 危机的种类

公共债务作为一种政府融资工具，其一端联通着金融市场，另一端连接着政府财政。这使得公共债务的激增与金融危机和财政危机联系紧密。因此本章在危机的选择上，重点考虑了金融危机中的银行业危机、货币危机、主权债务危机，以及财政危机。我们借鉴了 Laeven 和 Valencia对于银行业危机、货币危机和主权债务危机的定义，他们构建了一个非常全面的关于三类危机的数据库，Koh 等人对该数据库进行了更新[22],[190]。我们在附录 1 中介绍了本书使用到的金融危机事件数据。关于财政危机，本章借鉴了 Baldacci 等人对与财政危机的识别策略[191]。相关的数据同样被展示在了附录 1 中。

7.3.2 危机的条件概率

基于第 3 章构建的公共债务激增事件数据库和危机事件的数据库，我们可以计算两个概率族：各危机事件发生的概率 P_1（$Crisis_i$），即在整个观测期内各危机事件发生的概率（i 为危机的类别，$i=1$，2，3，4 分别表示银行业危机、货币危机、主权债务危机和财政危机）；在公共债务激增发生后各危机事件发生的条件概率 P_2（$Crisis_i \mid Debt\ Surges$），我们考虑一个涵盖公共债务激增事件及其之后 3 年的窗口期，P_2 即为危机事件发生在该窗口期内的概率。我们可以通过独立样本 t 检验来判断两个概率族的分布是否存在明显差异，统计量 t 结构如下。如果公共债务激增增大了危机发生的概率，那么危机发生的条件概率 P_2 应该大于它的无条件概率 P_1。

$$t=\frac{(P_1-P_2)}{\left[P\ (1-P)\ \left(\frac{1}{n_1}+\frac{1}{n_2}\right)\right]^{1/2}} \tag{7.1}$$

其中 $P=\frac{P_1 n_1 + P_2 n_2}{n_1 + n_2}$，$n_1 = n_2 =$ 观测样本个数，即本书研究的经济体个数。

7.3.3　公共债务激增导致的危机概率增加

表 7－1 中展示了危机发生的条件概率和无条件概率，并按照发达经济体与新兴发展中经济体进行了分类汇总。

表 7－1　　危机的条件概率和无条件概率

危机发生的概率	银行业危机	货币危机	主权债务危机	财政危机
	发达经济体			
公共债务激增下的条件概率	2.70%	0.77%	0.13%	3.73%
无条件概率	1.61%	0.46%	0.08%	2.22%
条件概率和无条件概率的差值	1.09% **	0.31% **	0.05%	1.51% ***
	新兴发展中经济体			
公共债务激增下的条件概率	2.35%	4.02%	1.42%	4.65%
无条件概率	1.69%	2.88%	1.02%	3.34%
条件概率和无条件概率的差值	0.67% **	1.14% ***	0.40% **	1.32% ***
	全经济体样本			
公共债务激增下的条件概率	2.45%	3.12%	1.06%	4.40%
无条件概率	1.66%	2.12%	0.72%	2.99%
条件概率和无条件概率的差值	0.79% ***	1.00% ***	0.34% **	1.41% ***

注：***, **, *分别表示显著性水平达到 1%，5% 和 10%。

从结果上来看，对于全体样本而言，公共债务激增导致的危机发生概率的增加是显著的，无论是金融危机，或是财政危机，或是金融危机中的某个单独的类别。换而言之，对于政府而言，快速且大规模的发债行为是危险的，因为它显著增加了金融危机与财政危机发生的概率。

当我们将样本按照发达经济体和新兴发展中经济体进行划分后，结果表现出差异。新兴发展中经济体的结果和整体结果是类似的，公共债务激增导致的各类危机发生概率增加依然显著。而发达经济体中，主权债务危机发生的条件概率和无条件概率并无显著差异。但这样的结果并不能驳斥我们此前得出的结论，因为问题出在了样本中。Laevenh 和

Valencia 对主权债务危机的定义是发生确定的主权债务违约和债务重组。这个定义是严苛的，以至于在 1951—2021 年，发达经济体中仅发生过一次上述程度的主权债务危机（希腊，2012），即便这个区间涵盖了 2009 年，众所周知的欧债危机。过少的样本点使基于统计量的检验失去了作用。如果我们放松主权债务危机的定义，财政危机从一定程度上可以视为主权债务危机的替代品①，除了考虑主权债务违约和重组外，还纳入了一系列指标对政府融资难易程度进行了考量。而公共债务激增对财政危机发生概率增加是显著的，无论是发达经济体还是新兴发展中经济体。

7.4 基于公共债务激增的金融危机与财政危机预警研究

为了进一步讨论公共债务激增与危机发生之间的关系，我们将公共债务激增引入了危机预警模型中，量化债务激增对危机发生可能性的影响，验证债务激增在危机预警中发挥的作用。

7.4.1 基于固定效应面板 Logit 回归的危机预警模型构建

大量的危机决定因素和预警模型研究为我们提供了研究范式。Logit 模型和 Probit 模型是最常被用到预测危机中的估计方法。Hausman 检验表明固定效应模型更适用于几类危机的预警。因此本书采用固定效应的面板 Logit 模型，没有采用随机效应和混合效应的面板 Logit 模型，也没有采用无固定效应的面板 Probit 模型。

基于时间和经济体维度，我们构建了一个包含 84 个经济体 1970—

① Baldacci 等人（2011）对财政危机的定义为政府极度融资困难的时期，对于财政危机发生的判定条件中包括：1. 主权债务违约和重组；2. IMF 大规模资金支持；3. 隐性国内公共债务违约（例如通过高通货膨胀率）；4. 市场对主权国家丧失信心等。判定条件只需满足其一，则被认为财政危机发生。

2021 年数据的面板数据集。基础模型的结构如下：

$$Y_{i,t} = \alpha_i + \boldsymbol{\beta} \boldsymbol{X}_{i,t-1} + \boldsymbol{\gamma} D_{i,t-1} + \varepsilon_{i,t} \tag{7.2}$$

其中，$Y_{i,t}$是一个表示危机的指标（银行业危机、货币危机、主权债务危机或财政危机中的一种），当它为 1 时，表示经济体 i 在时间 t 正在经历该危机，为 0 时表示无危机。$\boldsymbol{X}_{i,t}$为危机的一系列决定因素，$\boldsymbol{\beta}$是它的估计系数，$D_{i,t}$是一个表示公共债务激增的指标，当它为 1 时，表示经济体 i 在时间 t 正在经历公共债务激增，α_i表示经济体的个体固定效应，$\varepsilon_{i,t}$为随机误差项。危机发生的概率由下式给出：

$$P(Y_{i,t} = 1 \mid \boldsymbol{X}_{i,t-1}, \boldsymbol{\beta}, D_{i,t-1}, \boldsymbol{\gamma}, \alpha_i) = \Lambda(\alpha_i + \boldsymbol{\beta} \boldsymbol{X}_{i,t-1} + \boldsymbol{\gamma} D_{i,t-1}) \tag{7.3}$$

随机误差项$\varepsilon_{i,t}$服从逻辑分布，参数$\boldsymbol{\beta}$和$\boldsymbol{\gamma}$对可以通过最大化面板似然函数来进行估计。对于解释变量$\boldsymbol{X}_{i,t}$的选择，我们参考了大量的危机预警文献，确定了以下两个方面的因素：系统的脆弱性和环境的冲击。系统的脆弱性包括了政府财政脆弱（公共债务率、财政赤字率），金融或银行业脆弱（流动性、杠杆率、不良贷款率），抗汇率波动的能力（国际储备、国外直接投资），债务展期风险（外债偿付水平，短期外债比例）等因素。环境的冲击则包括国内经济下行压力（GDP 增长率、通胀率、失业率），金融景气程度下降（私人信贷水平、货币供给变动、实际利率），国际贸易环境变化（经常账户余额），货币贬值（汇率）等影响。

上述变量的详细解释和数据来源在表 7 -2 中做了详细介绍。本研究对所有解释变量采用了滞后值，以减弱经济基本面与危机在同一时期的潜在内生性偏差。在这些潜在的相关因素中，本研究的基础模型基于对共线性问题和内生性问题的考量，通过协整检验和内生性检验最终确定了各类危机预警中的关键解释变量。

表 7 -2　　　各变量的详细解释与数据来源

变量名称	变量解释	数据来源
私人债务变化	私人债务占 GDP 比率的年度百分比变化	世界发展指标数据库
GDP 增长率	按市场价格计算的本地货币不变的 GDP 年百分比增长率	世界发展指标数据库

续表

变量名称	变量解释	数据来源
通货膨胀率	居民消费价格指数年度变动百分比	世界发展指标数据库
房价变化	商用住房价格指数年度百分比变动（2010 年 = 100）	国际清算银行
货币供应量变化	货币供应量的年度百分比变化	世界发展指标数据库
实际利率	按国内生产总值平减指数衡量的经通胀调整的贷款利率	世界发展指标数据库
失业率	失业率	全球经济监测数据库
公共债务变化	公共债务占 GDP 比率的年度百分比变化	世界发展指标数据库
银行杠杆率	银行资本与总资产比率	世界发展指标数据库
不良贷款率	银行不良贷款占贷款总额的比率	世界发展指标数据库
经常账户余额	经常账户余额占 GDP 比率	世界发展指标数据库
债务偿还	外债还本付息与出口的比率	国际债务统计数据库
汇率变化	汇率年度变动百分比（当地货币单位相对于美元）	国际清算银行
国外直接投资	外国直接投资净流入占 GDP 比率	世界发展指标数据库
国际储备	国际储备与进口额的比率	国际债务统计数据库
短期债务	短期债务（期限为 1 年或以下）在外债中的份额	国际债务统计数据库

7.4.2 实证结果与讨论

我们分别展示了银行业危机、货币危机、主权债务危机和财政危机预警模型的估计结果，新兴发展中经济体和发达经济体被单独分组进行了估计，以对比发展程度不同所导致的差异。

7.4.2.1 公共债务激增与银行业危机

表 7 – 3 展示了银行业危机预警模型的估计结果。良好的经济环境（更快的经济增长、更多的国际储备和更低的失业率）和金融环境（充足的货币供给和避免私人债务的扩张）会降低银行业危机的风险，而公共债务对银行业危机的预警作用是不显著的。无论是公共债务存量，变化量，或是公共债务激增，在银行业危机的预警模型中估计结果都不显著。

表 7 – 3　基于固定效应面板 Logit 回归的银行业危机预警模型估计结果

解释变量	银行业危机		
	全样本	新兴发展中经济体	发达经济体
GDP 增长率	−0.149** (0.060)	−0.156*** (0.047)	−0.175** (0.078)
国际储备	−0.189* (0.089)	−0.090*** (0.017)	−0.074* (0.042)
失业率	0.092* (0.046)	0.088* (0.052)	0.101* (0.063)
私人债务变化	0.064** (0.021)	0.048** (0.023)	0.021** (0.008)
公共债务变化	−0.021 (0.039)	−0.063 (0.062)	−0.022 (0.014)
公共债务负债率	−0.012 (0.025)	−0.025 (0.023)	−0.047 (0.034)
公共债务激增	0.487 (1.342)	0.170 (0.524)	0.155 (0.857)
货币供应量变化	−0.041** (0.016)	−0.045* (0.027)	−0.046** (0.021)
汇率变化	0.151 (0.121)	0.046 (0.231)	0.031 (0.030)
实际利率	0.046 (0.047)	0.022 (0.034)	0.020 (0.016)
通货膨胀率	−0.005 (0.005)	0.006 (0.022)	−0.041 (0.186)
国外直接投资	−0.092 (0.073)	−0.024 (0.036)	−0.148 (0.122)
样本观测值数量	2183	1527	656
样本经济体数量	60	42	18

注：***，**，*分别表示显著性水平达到 1%，5% 和 10%，括号内数值为标准误差。

已有的理论研究对公共债务对银行业危机的影响给出了这样的解释：公共债务的增长会导致主权债务风险加剧，一旦引发主权债务违约，则可能引起金融市场恐慌，出现流动性短缺、存款挤兑的情况，进而引发银行业危机[192],[193]。而债务激增带来的金融市场波动加剧，也更容易使银行业的隐性债务风险暴露出来。但公共债务却没有在银行业危机的预警中发挥所用，这可能是政府的银行业纾困政策产生了相反的影响。导致银行业危机发生的原因，除了金融环境恶化外，还有银行业系统本身的能力，累积的大量不良资产会导致银行的清偿能力减弱，加大系统性危机的风险。而正如第 6 章的研究结果所示，债务激增发生期间，政府的大量债务融资被用于应对或有债务的发生，这其中购买银行业不良资产占主要部分。政府针对金融系统的大力纾困，大幅降低了银行业的不良贷款率，增强银行业系统的强度，从而降低了银行业危机发生的可能。我们将政府应对或有债务发生的支出加入模型来验证这一观点。表 7－4 展示了政府或有债务支出和支出与激增的交乘项加入模型后的估计结果。可以看到政府或有债务支出的增加确实会抑制银行业危机的发生，且在激增发生时，这种抑制效果尤为显著。

表 7－4　政府财政支出及其交乘项在银行业危机预警模型中的估计结果

解释变量	银行业危机		
	全样本	新兴发展中经济体	发达经济体
公共债务激增	0.746 (0.390)	0.885* (0.421)	0.552 (0.302)
政府或有债务支出	－0.136** (0.059)	－0.207** (0.090)	－0.103* (0.061)
政府或有债务支出 × 公共债务激增	－0.271*** (0.053)	－0.303** (0.131)	－0.148* (0.082)
是否加入其他控制变量	是	是	是
样本观测值个数	2183	1527	656
样本经济体个数	60	42	18

注：***，**，*分别表示显著性水平达到 1%，5% 和 10%，括号内数值为标准误差。

事实上债务激增伴随的通常是政府财政政策的调整，大量扩张性的财政政策将出台。如美国在 2008 年推出的《不良资产救助计划》，使美国银行不良资产比率在随后的两年下降了 1.2 个百分点。欧盟成员国在 2008 年 10 月至 2010 年 10 月的两年中，为银行业提供了约 4.5 万亿欧元的纾困资金。政府极具针对性的财政举措一定程度上阻断了公共债务激增带来的风险向银行业的扩散。新兴发展中经济体和发达经济体在这一财政策略上的共识使两组数据的估计结果表现出相同的结论：公共债务对银行业危机的预警作用微弱。

7.4.2.2　公共债务激增与货币危机

表 7 -5 展示了货币危机预警模型的估计结果。除了受经济环境和金融环境影响外，货币危机还对外汇市场的变动（汇率波动）和公共债务的变化非常敏感。公共债务激增会显著增加货币危机发生的概率，这一结论同时适用于新兴发展中经济体和发达经济体。而公共债务存量在货币危机的预警中，估计结果并不显著。货币危机的发生通常存在两种情况，一种是外资由于对政府偿债能力产生了怀疑而选择出逃；另一种则是汇率波动引来的外部投机性攻击，叠加国际储备不足，进而导致固定汇率制度的失守。公共债务激增往往伴随着扩张性的货币政策配合，通过降息的方式以达到降低政府融资成本的目的。而这一举措会导致国际储备的流失，使经济体成为套利者攻击的目标，从而增加货币危机的风险。此外，公共债务的激增对于投资者而言是一个危险的信号，它传递出了一个信息：经济的萎靡可能已经达到了需要政府大规模干预的程度，而政府目前的财政状况并不足以支持。公共债务的激增导致了恐慌情绪的蔓延，极易引发资本的出逃。这也在一定程度上解释了公共债务存量在货币危机预警中的作用不及公共债务激增。相比于已有的债务积压，投资者更担忧的是政府财政状况短期内的突然恶化。

表 7 -5　基于固定效应面板 Logit 回归的货币危机预警模型估计结果

解释变量	货币危机		
	全样本	新兴发展中经济体	发达经济体
GDP 增长率	-0.204**	-0.254*	-0.129*
	(0.102)	(0.143)	(0.054)
国际储备	-0.166*	-0.130*	-0.133**
	(0.072)	(0.062)	(0.048)
失业率	0.089	0.094	0.047
	(0.230)	(0.165)	(0.135)
私人债务变化	0.069*	0.278*	0.044***
	(0.041)	(0.158)	(0.005)
公共债务变化	0.143**	0.237*	0.078
	(0.056)	(0.114)	(0.189)
公共债务负债率	0.081	0.131	0.037
	(0.133)	(0.142)	(0.075)

续表

解释变量	货币危机		
	全样本	新兴发展中经济体	发达经济体
公共债务激增	0.921** (0.317)	1.281** (0.431)	0.599* (0.307)
货币供应量变化	-0.058* (0.034)	-0.128* (0.069)	-0.011* (0.006)
汇率变化	0.334* (0.126)	0.383* (0.153)	0.251 (0.411)
实际利率	0.009 (0.037)	0.008 (0.06)	0.022 (0.017)
通货膨胀率	0.005 (0.005)	0.007 (0.008)	0.008 (0.016)
国外直接投资	-0.011 (0.012)	-0.022 (0.037)	-0.098 (0.128)
样本观测值个数	1819	1621	198
样本经济体个数	52	45	7

注：***，**，*分别表示显著性水平达到1%，5%和10%，括号内数值为标准误差。

为了进一步讨论公共债务存量、变化量和激增在货币危机预警中的交互作用，我们将它们的交乘项引入模型。值得注意的是，债务变化率与债务激增的交乘项在全样本模型和新兴发展中经济体样本模型的估计结果是显著的，而在发达经济体样本的模型中是不显著的（如表7-6所示）。这样的结果也是容易理解的，相比于发达经济体，新兴发展中经济体由于其金融体系的脆弱和货币地位的低下，在财政状况恶化时更容易失去投资者的信任，也更容易引起外部的投机性攻击。而且这种信任的流失会和公共债务激增的幅度挂钩，当债务激增发生时，激增幅度越大，违约风险越高，越容易被外部资本抛弃。而相比之下，发达经济体则因其更为健全的金融体系和更有优势的货币地位，表现出对货币危机更强的抵御能力。而债务存量与债务激增的交乘项在所有样本分组的模型估计结果中均不显著，这也进一步印证了货币危机与债务存量之间的联系微乎其微。

表 7－6　公共债务相关变量及其交乘项在货币危机预警模型中的估计结果

解释变量	货币危机		
	全样本	新兴发展中经济体	发达经济体
公共债务变化	0.138** (0.059)	0.201* (0.128)	0.071 (0.205)
公共债务负债率	0.076 (0.142)	0.113 (0.082)	0.036 (0.034)
公共债务激增	0.775** (0.283)	1.270** (0.394)	0.586* (0.280)
公共债务变化×公共债务激增	0.028* (0.016)	0.041* (0.011)	0.013 (0.016)
公共债务负债率×公共债务激增	0.021 (0.085)	0.011 (0.068)	0.005 (0.036)
是否加入其他控制变量	是	是	是
样本观测值个数	1819	1621	198
样本经济体个数	52	45	7

注：***，**，*分别表示显著性水平达到 1%，5% 和 10%，括号内数值为标准误差。

7.4.2.3　公共债务激增与主权债务危机和财政危机

主权债务危机与财政危机是同一种危机的两个程度，它们都与政府的融资能力有关。当政府处于融资困境，被迫提高公共债务利差以期获得更多的融资时，则陷入财政危机。而当政府出现主权债务违约状况，因为失信而进一步丧失融资能力时，则陷入主权债务危机。政府为了避免破产只能寻求国际援助和债务重组的机会。良好的经济运行状态显然是避免主权债务危机和财政危机发生的关键（稳定的经济增长，更丰富的国际储备，更低的失业率，更低的通胀水平，以及更多的国外直接投资）。同时，公共债务作为政府主要的融资渠道，在主权债务危机和财政危机的预警中也起到至关重要的作用。无论是公共债务存量、变化量，还是公共债务激增都会显著增加主权债务危机和财政危机的发生概率（如表 7－7 所示）。债务积压带来的债务偿付压力会增加政府债务违约的风险；而债务激增带来的冲击引发的金融市场波动，容易使政府隐性债务（如政府对银行业的隐性担保）显性化，进一步加剧政府财政负担，增加危机发生的风险。

表 7-7　基于固定效应面板 Logit 回归的主权债务危机和财政危机预警模型估计结果

解释变量	主权债务危机			财政危机		
	全样本	新兴发展中经济体	发达经济体	全样本	新兴发展中经济体	发达经济体
GDP 增长率	-0.153** (0.075)	-0.157** (0.073)	—	-0.179** (0.075)	-0.155** (0.080)	-0.264* (0.147)
国际储备	-0.304** (0.127)	-0.290* (0.166)	—	-0.298* (0.110)	-0.291* (0.132)	-0.260* (0.141)
失业率	0.115* (0.058)	0.123* (0.060)	—	0.079* (0.046)	0.108** (0.044)	0.121** (0.031)
私人债务变化	0.081 (0.084)	0.083 (0.083)	—	0.041 (0.073)	0.081 (0.079)	0.054 (0.044)
公共债务变化	0.031*** (0.008)	0.029** (0.005)	—	0.050* (0.032)	0.036* (0.020)	0.082** (0.027)
公共债务负债率	0.020*** (0.006)	0.023** (0.012)	—	0.030** (0.013)	0.031** (0.016)	0.081* (0.043)
公共债务激增	0.880** (0.290)	0.699** (0.141)	—	1.479** (0.354)	1.385** (0.474)	1.022* (0.379)
货币供应量变化	—	—	—	-0.045 (0.057)	-0.027 (0.028)	-0.020 (0.048)
汇率变化	—	—	—	0.001 (0.003)	0.001 (0.003)	0.002 (0.013)
实际利率	—	—	—	0.018 (0.010)	0.039 (0.027)	0.013 (0.008)
通货膨胀率	—	—	—	0.003* (0.002)	0.007* (0.004)	0.007* (0.004)
国外直接投资	—	—	—	-0.062** (0.020)	-0.074** (0.045)	-0.072** (0.031)
样本观测值个数	1045	1010	—	2150	1539	612
样本经济体个数	29	28	—	59	42	17

注：***，**，*分别表示显著性水平达到1%，5%和10%，括号内数值为标准误差。由于经济样本中主权债务危机罕见发生，货币供应量、汇率、实际利率、通货膨胀率、外商直接投资等相关数据严重缺乏，因此，上述变量未纳入模型。由于发达经济体主权债务危机的数据只有一个(2012 年的希腊)，无法构建发达经济体主权债务危机预警模型。

类似地，为了观察公共债务存量、变化量和公共债务激增之间是否存在协同效应，公共债务存量、变化量和公共债务激增的交乘项被加入两类危机的预警模型中。表 7-8 中展示了模型的估计结果。公共债务存量与公共债务激增的交乘项在模型中的估计结果是显著的，这意味着两者会带来协同效应。当经济体已经处于公共债务积压的状态时，此时如果发生公共债务激增的话，将更容易引发财政危机和主权债务危机。这与我们观测到的历史事实相一致。无论是发达经济体还是新兴发展中经济体，都有典型的案例。在公共债务积压时，扩张的财政支出只会扩大财政缺口，对经济的刺激作用远不及其带来的风险。适度紧缩的财政政策也许才能抑制通胀，约束财政赤字和公共债务扩张，挽救经济颓势。

表 7-8　公共债务相关变量及其交乘项在主权债务危机和财政危机预警模型中的估计结果

解释变量	主权债务危机			财政危机		
	全样本	新兴发展中经济体	发达经济体	全样本	新兴发展中经济体	发达经济体
公共债务变化	0.030*** (0.008)	0.027* (0.005)	—	0.046* (0.030)	0.035* (0.019)	0.077** (0.028)
公共债务负债率	0.018*** (0.006)	0.022** (0.010)	—	0.029** (0.013)	0.030** (0.015)	0.073* (0.042)
公共债务激增	0.720** (0.231)	0.645** (0.205)	—	1.291** (0.437)	1.212** (0.396)	0.846* (0.311)
公共债务变化×公共债务激增	0.071 (0.055)	0.069 (0.061)	—	0.042 (0.043)	0.049 (0.063)	0.072 (0.078)
公共债务负债率×公共债务激增	0.113* (0.068)	0.114* (0.069)	—	0.052* (0.028)	0.022* (0.013)	0.025* (0.016)
是否加入其他控制变量	是	是	—	是	是	是
样本观测值个数	1045	1010	—	2150	1539	612
样本经济体个数	29	28	—	59	42	17

注：***，**，*分别表示显著性水平达到1%，5%和10%，括号内数值为标准误差。

7.4.3　模型稳健性检验

为了检验模型与结果的稳健性，我们基于赤池信息量准则（Akaike information criterion，AIC）对模型拟合优度进行了筛选，将不显著的变量进行了剔除，表 7-9 中展示了另一组拟合优度更高的替代模型，从参数估计的结果来看，与前文中模型的参数估计结果在方向和大小上基本保证一致，验证了模型的稳健性。

表 7-9　基于 AIC 值筛选的拟合优度最高模型的参数估计结果

解释变量	全样本				新兴发展中经济体				发达经济体			
	银行业危机	货币危机	主权债务危机	财政危机	银行业危机	货币危机	主权债务危机	财政危机	银行业危机	货币危机	主权债务危机	财政危机
GDP 增长率	-0.173**	-0.178***	-0.154***	-0.178***	-0.154***	-0.228***	-0.145**	-0.179**	-0.162***	-0.152**		-0.313**
	(0.082)	(0.028)	(0.047)	(0.051)	(0.038)	(0.440)	(0.049)	(0.058)	(0.046)	(0.076)		(0.132)
国际储备	-0.274**	-0.218***	-0.390***	-0.260*	-0.079**	-0.129***	-0.392***	-0.283**	-0.144*	-0.153**		-0.201**
	(0.099)	(0.061)	(0.136)	(0.144)	(0.025)	(0.018)	(0.038)	(0.089)	(0.065)	(0.050)		(0.090)
失业率	0. 1.41**		0.090*	0.069**	0.076**		0.129*	0.104**	0.121**			0.154**
	(0.051)		(0.054)	(0.028)	(0.023)		(0.072)	(0.026)	(0.048)			(0.043)
私人债务变化	0.054**	0.079**			0.137**	0.372**			0.033**	0.088**		
	(0.026)	(0.027)			(0.043)	(0.136)			(0.009)	(0.036)		
公共债务变化		0.127**	0.026**	0.057*		0.193*	0.027**	0.060*				0.081*
		(0.054)	(0.011)	(0.035)		(0.132)	(0.007)	(0.035)				(0.042)
公共债务负债率			0.022**	0.059**			0.026**	0.051**				0.087*
			(0.007)	(0.024)			(0.008)	(0.013)				(0.048)
公共债务激增		0.541**	0.823**	1.243**		0.911*	0.840**	1.284**		0.660*		1.064**
		(0.275)	(0.377)	(0.343)		(0.459)	(0.310)	(0.224)		(0.357)		(0.462)
公共债务变化×公共债务激增		0.029*				0.046*						
		(0.017)				(0.021)						
公共债务负债率×公共债务激增			0.118*	0.020*			0.114**	0.021*				0.023*
			(0.059)	(0.007)			(0.054)	(0.012)				(0.015)

续表

解释变量	全样本				新兴发展中经济体				发达经济体			
	银行业危机	货币危机	主权债务危机	财政危机	银行业危机	货币危机	主权债务危机	财政危机	银行业危机	货币危机	主权债务危机	财政危机
货币供应量变化	-0.082** (0.041)	-0.053* (0.035)			-0.041** (0.016)	-0.162* (0.076)			-0.056** (0.018)	-0.028** (0.010)		
汇率变化		0.349* (0.228)				0.271* (0.167)						
实际利率				0.016 (0.014)				0.036 (0.025)				0.015 (0.018)
通货膨胀率				0.003* (0.002)				0.004* (0.002)				0.005* (0.003)
国外直接投资				-0.040** (0.016)				-0.061* (0.036)				-0.055* (0.032)
样本观测值个数	2348	2019	1123	2307	1626	1818	1083	1637	722	201		670
样本经济体个数	60	52	29	59	42	45	28	42	18	7		17

注：***，**，*分别表示显著性水平达到 1%，5% 和 10%，括号内数值为标准误差。

7.5 本章小结

现有的文献在理论上给出了公共债务与危机之间潜在关联的解释，但却很难在实证中加以验证。本书为解释这一问题提供了一个基于公共债务激增的新视角。通过对公共债务激增在银行业危机、货币危机、主权债务危机和财政危机的预警中发挥作用的探究，得出了以下结论，并提出了相应的政策建议：

首先，对于银行业危机而言，公共债务激增并非有效的预警指标。公共债务激增引起的金融市场波动，在进一步向银行业危机发展的过程中，会因政府的扩张性财政政策的推出而被阻断，尤其一些金融系统的纾困政策。因此，政府通过公共债务融得的资金如何利用至关重要。一方面，针对金融系统的纾困是有必要的，消化银行不良资产，提高金融系统的抗风险能力，可以有效降低银行业危机发生的风险；另一方面，提高政府财政支出的投资效率，使其流向提高产出的行业，从而为经济增长提供强有力的推动。

其次，对于货币危机的预警而言，公共债务激增十分关键。它像撤退信号一样引发资本的外逃。因此，采取平稳的可持续的发债策略代替激进的发债策略，是避免货币危机发生的有效方式，完善且长远的公共债务发行规划是值得政策制定者深思熟虑的。无论是对于低负债率的财政空间宽裕的经济体，还是高负债率的财政脆弱的经济体，这都是至关重要的。因为相比于债务存量，政府财政状态在短期内的突然恶化更容易引起投资者的担忧。同时，灵活且有弹性的货币政策与汇率制度也是重要的，尤其是对于新兴发展中经济体而言，缺乏货币主导权的它们更容易在公共债务激增带来汇率波动时成为套利者投机性攻击的对象。灵活的政策可以对经济与金融环境的变化做出及时的应对，使市场在复杂且脆弱的全球经济环境中仍然保有韧性。

对于主权债务危机和财政危机的预警，债务存量和债务激增都是有效的，且两者带来的风险积累会产生一加一大于二的效果。因此，公共债务存量的积累带来的危机风险加剧依然是重要且值得关注的。对于高负债率国家而言，不但要避免公共债务激增的发生，还需要适时适度的开展财政整顿，控制公共债务规模。

第 8 章

应对公共债务激增的财政整顿策略

本书在第 5 章到第 7 章中探究了公共债务激增对宏观经济带来的负面影响，明确了其导致的金融危机和财政危机风险加剧。研究结果明确了一个事实：公共债务激增是危险的，是需要避免的。但现实中公共债务激增依然是频发的，正如在第 3 章中证实的公共债务激增的普遍性，无论是发达经济体还是新兴的发展中经济体，公共债务激增在一些突发事件（如公共卫生事件、战争等）来临时是无法被避免的。因此，除了需要在非特殊时期避免公共债务的激增外，还需要准好公共债务激增发生后的应对策略。正如第 5 章的研究发现，公共债务激增后常常伴随着财政整顿，而如何开展财政整顿才能达到以最小的经济代价缓解财政压力，是值得政策制定者结合本国国情谨慎思考的。本研究以中国的财政整顿为例，讨论了中国在公共债务激增后的最优财政整顿策略问题。本章的主要工作如下：基于中国的财政结构特点，丰富了可计算一般均衡（CGE）模型中的政府财政收支结构框架，构建了中国财政可计算一般均衡模型。对基于收入端和支出端的财政整顿策略的实施效果进行模拟，并设定了不同整顿方法，以及混合整顿策略，详细比较了各整顿策略的优劣，为中国的财政整顿提供了科学理论指导。

8.1 引言

在全球新冠疫情的冲击下，全球公共债务普遍激增，达到了和平时期前所未见的水平。如何及时进行财政整顿以控制债务率的飙升成为政界与学界共同关注的焦点话题。中国作为世界第二大经济体，截止到 2020 年，政府负债规模已达到 42 万亿元，占当年 GDP 的 41.57%。虽然相比 60% 的国际债务率警戒线①以及国内部分学者给出的 84%—93% 的中国政府债务上限[115]，还有一定的差距。但考虑到中国地方政府大量的或有债务存在显性化可能，以及随着老龄化的加剧而逐渐增长的隐性债务规模，控制公共债务的增长速度已经成为中国不可回避的问题。国际货币基金组织（IMF）也在 2018 年的《全球金融稳定报告》中对中国债务问题发出了警告，中国地方政府债务将面临大幅减记，这导致中国的毛债务总额已经达到了“异常高的水平”，此后几年的《全球金融稳定报告》都对中国的债务问题提出了警示。由此可见，中国需要在经济发展状况稳定的形况下适时开展财政整顿。

公共债务的激增，其根源在于政府收支的不平衡。通过发行公债弥补财政赤字的“赤字债务化”行为是各国政府最常使用的削减财政赤字的方法。近些年，中国的财政赤字自 2011 年开始持续上升，截止到 2020 年，赤字规模已高达 6 万亿元，赤字率自 2015 年突破欧盟安全警戒线 3% 后，也保持着高速的增长，2020 年新冠疫情冲击下，中国政府财政赤字率已高达 6.17%（如图 8 - 1 所示）。通过财政整顿控制政府赤字规模，或许是中国降低政府债务增速，在保持经济增长的同时控制政府债务扩张，实现债务可持续的有效手段。

---

① 欧盟区于 1992 年制定的《马斯特里赫特条约》要求成员国必须将财政赤字控制在 GDP 的 3% 以下，将政府债务/GDP 的占比保持在 60% 以下，此后 60% 被国际公认为政府债务率警戒线。

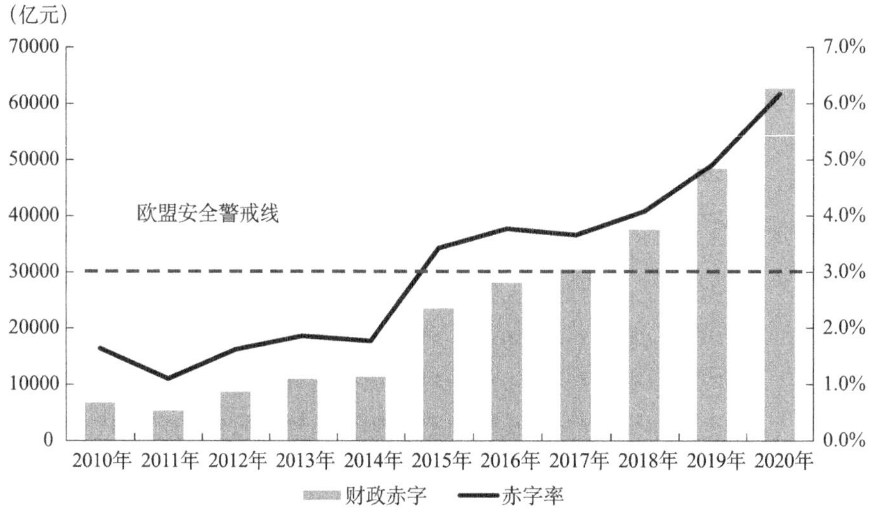

图 8－1　2010—2020 年中国财政赤字规模和财政赤字率情况

由于各国税收制度和政府组织结构的多样性，财政整顿的传导路径也呈现出明显的差异。中国政治结构的独特性进一步加剧了这种复杂性。在中国，多个政府部门之间的相互作用导致收入再分配过程变得尤为复杂。此外，政府部门的多样化也意味着公共投资受到不同部门的管理和监督，这使得财政整顿的影响以各种方式渗透到公共投资所覆盖的生产部门。2015 年，中国颁布了具有里程碑意义的《中华人民共和国预算法》，并建立了四个账户来详细记录各政府机构的收支情况。这四个账户包括一般公共预算账户、政府基金预算账户、社会保险基金预算账户和国有资本经营预算账户，统称为中国公共财政的“四本账”。这一制度的实施使得资金能够在不同政府机构的指导下在账户之间灵活转移，从而实现账户间的相互补充和协调。现有研究在描述中国公共财政特点方面存在局限性，本研究结合了中国多账户政府结构的独特性，对动态 CGE 模型进行了重要改进。该模型不仅详细描述了中国多个政府账户之间的资金流动情况，还深入分析了这些流动在收入再分配过程中所扮演的不同角色。本研究使用的模型更加符合中国的财政现实，从而为政策制定者提供了更精确、更有针对性的分析工具。这对于理解中国独特的财政体系以及制定有效的财政整顿策略具有重要意义。

由于经济发展阶段的不同，发达国家在应对财政挑战方面积累了丰富的经验，并构建了多元化的财政整顿政策工具库。常见的财政整顿策略主要分为两大类：一是收入型策略，即通过提高政府收入来优化财政状况；二是支出型策略，通过减少政府支出来达到同样的目的。这两种策略在短期内能够迅速降低财政赤字，从而延缓公共债务的积累。然而，从长期视角来看，过高的税收会抑制居民消费能力，而过低的政府支出则可能导致总需求不足，这种情况会对经济发展产生负面影响，甚至可能引发经济收缩和公共债务比率的攀升。中国尚未实施大规模、系统性的财政整顿，但同样需要审慎地应对上述难题。本研究采用动态 CGE 模型，对基于不同路径及其组合的财政整顿政策进行模拟，深入分析其经济效应。通过探讨相关政策效应，我们旨在为中国的财政整顿提供有针对性的政策建议，以应对未来可能出现的债务挑战。

本章后面的内容安排如下：8.2 节综述了现有研究中对财政整顿策略的研究和讨论；8.3 节介绍了基于中国财政特点的动态可计算一般均衡（CGE）模型；8.4 节介绍了模型数据基础以及社会核算矩阵的构建；8.5 节报告了模型的模拟结果并进行了相关讨论；8.6 节为模型的稳健性检验；8.7 节为本章小结。

8.2　财政整顿策略研究综述

财政整顿（fiscal consolidations）也称财政调整（fiscal adjustments），是指政府在一定时期内，通过削减财政支出和（或）增加财政收入来改善预算平衡状况或降低财政赤字率和债务负担率。早在 20 世纪末期，国外大量学者就已经展开了财政整顿的相关研究，财政整顿政策实施的规模、持续时间以及实施方式都是影响财政整顿效果的关键因素，财政整顿实施的背景在一定程度上决定了财政整顿实施的效果，公共财政状况和经济状况常被视为财政整顿的关键驱动因素[194]-[199]，当财政状况较弱（赤字较大，债务水平较高）且国内经济表现相对较好时，财政整顿实施效果往往越好。这两个因素有利于财政整顿措施的灵活调整，从而提高了财政整顿成功的可能性[200]。Agnello 等人使用 17 个工业化国家 1975 年至 2013 年期间的数据，分析了决定财政整顿成功和失败可能性的经济、财政和政治决定因素。结果表明，较低的政府赤字、较高的贸易开放程度有助于缩短财政整顿时间。当经济快速增长、通胀上升、利率下降时，财政整顿往往得以更好地开展[201]。

此外，财政整顿措施的规模和持续时间也会对财政整顿的效果产生影响，是选择稳步而持久的整顿措施，还是“冷水浴”式的快速降温法，学者们对此也存在诸多争议。大部分学者认为，逐步地整顿更符合经济长久发展的需求[64],[194],[200]-[209]。但也有学者指出，当经济增长较低、债务水平较高且稳步上升时，大刀阔斧的财政整顿可能更有效[200]。而且当财政整顿持续较长时间时，出现整顿疲劳的可能性更高[202]。Agnello 等人（2013）利用了 1978—2009 年 17 个工业国的年度数据，评估了财政整顿长度的决定因素。研究表明，财政变量（如预算赤字和公共债务水平）和经济因素（如开放的程度，通货膨胀率，利率和人均 GDP）对于财政整顿过程是至关重要的，其中支出驱动的财政整顿比税收驱动的财政整顿持续时间更短，非欧洲国家的这两种整顿时间都比欧洲国家长；财政整顿的规模对持续时间没有显著影响[203]。

财政整顿政策通常从控制财政赤字的角度出发，通过减少财政支出和增加税收收入来实现债务率增速的下降。但如何搭配财政政策才能起到最好的财政整顿效果？开源与节流，谁才能在起到财政整顿效果的同时，尽量减少对经济发展的影响？对此问题，多数学者在大量的实证研究中得出结论：财政支出驱动的财政整顿政策往往比基于增加税收的财政整顿政策更加成功，且带来的经济增速的损失更小[210]-[214]。究其原因，可能是基于支出的财政整顿往往还伴随着宽松的货币政策，这向私人部门传递了更强烈的政府打算改善其预算状况的信号，促进了私人投资的进入。此外，它们还可能伴随着其他的宽松政策，如劳动力和商品市场自由化，这导致了支出型财政政策的整顿效果更为全面[215]-[218]。但也有学者提出了反对意见，Bardaka 等人的研究表明，支出驱动的财政整顿会从供给侧角度影响部分产业的全要素生产率，损害产业产能，长期可能会对经济带来更不利的影响[219]。Beetsma 等人（2021）也指出，基于支出的财政整顿在短期内付出的较小代价并不一定意味着其整顿效果更好，结合收入与支出的混合策略也许是更合适的财政整顿方案[101]。

除了收支层面的差异外，财政整顿政策在实施过程中还存在产业部门异质性的影响，这一差异在支出型财政整顿政策带来的影响中尤为明显。Castro 发现支出型的财政整顿政策对于国防、公共管理、环境、住房、医疗卫生、教育等政府投资比重较大的产业部门的影响是破坏性的[220]。而且以削减教育、医疗或社会保障等方面支出为基础的财政整顿，还可能导致更高的收入不平等，中下层阶级将比富人感到更大的生活压力，这可能导致社会和政治不稳定[221]。Banerjee 和 Zampolli 研究了财政整顿对产出和就业的短期影响如何随着商业周期、货币政策、公共债务、经常账户和私人信贷的状态而变化，发现当公共债务较高或国家面临经常账户赤字时，乘数通常低于平均水平，这与财政整顿可能有助于改善广泛的金融状况、竞争力和私人机构信心的观点相一致。

中国由于债务问题初现，还未采取大规模的财政整顿措施，因此，相关的国内研究尚未形成体系，但不乏学者从财政收入和支出角度讨论了其对国家经济的影响。在财政税收方面，李善同最早将 CGE 模型引入中国的国家政策实施效果的研究领域，利用 CGE 模型对中国税收制度进行了细致的刻画，并对中国税务改革的相关问题进行了研究，包括“费改税”“营改增”等税务改革的实施效果进行了模拟，为税务制度改革提供了有力的科学理论依据，也在一定程度上体现出 CGE 模型在研究政策实施效果时的巨大优势[222]-[224]。此外，还有大量学者对 2008 年我国的“四万亿”财政刺激计划的实施效果进行了讨论，黄干等人例用 CGE 模型对“四万亿”财政刺激计划的经济效应与财政投资结构优化问题进行了研究，研究表明，2009 年至 2010 年间的四万亿投资方案能每年拉动 GDP 约 1.2%，增加就业 3.44%，但同时也挤出了相当大量的私人消费，导致居民福利水平下降严重，有利有弊。但相比于原计划，历经调整最后实际实施的刺激方案虽然宏观效应稍弱，但更加有利于三次产业整体结构的改善，从分部门来看，用于公共管理和社会组织、教育以及水利、环境和公共设施管理业三部门的政府投资支出效率较高，而房地产业、采矿业、电水气业三个部门的投资效应最差且为负面影响，尤其是房地产业[225]。

总体而言，现有研究缺少对中国财政整顿问题的讨论。虽然现有研究已经开始关注中国的公共债务激增问题，但还缺乏对公共债务激增的重视，尚未对公共债务激增后的财政整顿策略进行更深入、更全面的讨论和研究，这无疑是一个亟待填补的研究空白。公共债务激增所引发的经济负面影响以及风险加剧的问题，是我们无法回避的现实挑战。这种激增不仅可能对经济增长产生抑制作用，还可能通过影响市场信心、加剧金融市场波动等方式，对经济稳定产生更为深远的影响。更为严重的是，如果处理不当，公共债务的激增甚至可能引发财政危机，对中国的财政健康和经济安全构成严重威胁。因此，如何在公共债务激增发生后做好财政应对，无疑是政策制定者需要深入思考和研究的问题。这不仅需要我们从理论和实证的角度深入探讨公共债务激增的成因、影响机制和传导路径，更需要我们结合具体的国情和经济环境，设计出科学、合理、有效的财政应对策略。只有这样，我们才能更好地应对公共债务激增带来的挑战，确保经济的平稳运行和财政的稳健发展。

8.3 基于中国财政特点的动态可计算一般均衡模型构建

中国的财政体系有别于世界其他国家，根据 2015 年颁布的《中华人民共和国预算法》，中国财政收支预算由一般公共预算账户、政府性基金预算账户、社保基金预算账户和国有资本经营预算账户共同管理，统称为中国的财政“四本账”。此外，中国还于 2000 年 8 月设立了全国社会保障基金，由中央财政预算拨款、国有资本划转、基金投资收益等资金构成，专门用于人口老龄化高峰时期的养老保险等社会保障支出的补充、调剂。截至目前，其体量已经达到了 2 万亿之多。由此可见，在研究中国财政问题过程中，仅考虑一般公共预算账户的财政收支数据是不完整的。因此，本书细化了可计算一般均衡（CGE）模型中的政府财政模块，融入了中国其他三个财政预算账户和全国社会保障基金账户的收支情况，构建了具有中国财政特色的 CGE 模型。该模型更符合中国的财政体系，更适用于研究中国的财政问题。

本书构建的中国财政 CGE 模型主要包含生产模块、贸易模块、收支平衡模块和宏观闭合、递归动态驱动模块五个部分，图 8－2 展示了 CGE 模型的总体结构，以及各部门之间的资金流动关系。箭头方向表示各部门之间的资金流动方向。

8.3.1　生产模块

在生产模块中，本书使用三层生产函数嵌套结构，嵌套方程采用常替代弹性（CES）方程，顶层的总产出（*QA*）由中间投入（*QINTA*）和增值部分合成束（*QVA*）以替代弹性ρ_a^q嵌套合成。第二层中，增值部分合成束（*QVA*）由劳动（*QLD*）和资本合成束（*QKD*）以替代弹性ρ_a^{va}嵌套合成。第三层中，资本合成束（*QKD*）由私人资本（*QKHD*）和公共资本（*QKGD*）以替代弹性ρ_a^{kd}嵌套合成。生产部门以利润最大化为目标，采用 CES 生产技术作为约束：

$$\max \sum_{a=1}^{n} PA_a \cdot QA_a - PVA_a \cdot QVA_a - PINTA_a \cdot QINTA_a$$

$$s.t.\ QA_a = a_a^q\left[\delta_a^q QVA_a^{\rho_a} + (1-\delta_a^q)\ QINTA_a^{\rho_a}\right]^{\frac{1}{\rho_a}} \tag{8.1}$$

通过引入拉格朗日函数对上述利润最大化问题进行求解，得到本书的嵌套方程如下：

第一层：

$$QA_a = a_a^q\left[\delta_a^q QVA_a^{\rho_a} + (1-\delta_a^q)\ QINTA_a^{\rho_a}\right]^{\frac{1}{\rho_a}} \tag{8.2}$$

$$\frac{PVA_a}{PINTA_a} = \frac{\delta_a^q}{(1-\delta_a^q)}\left(\frac{QINTA_a}{QVA_a}\right)^{1-\rho_a} \tag{8.3}$$

$$PA_a \cdot QA_a \cdot (1-tb_a-tq_a) = PVA_a \cdot QVA_a + PINTA_a \cdot QINTA_a \tag{8.4}$$

中间投入部分：

$$QINT_{ca} = ica_{ca} \cdot QINTA_a \tag{8.5}$$

$$PINTA_a = \sum_{c \in C} ica_{ca} \cdot PQ_c \tag{8.6}$$

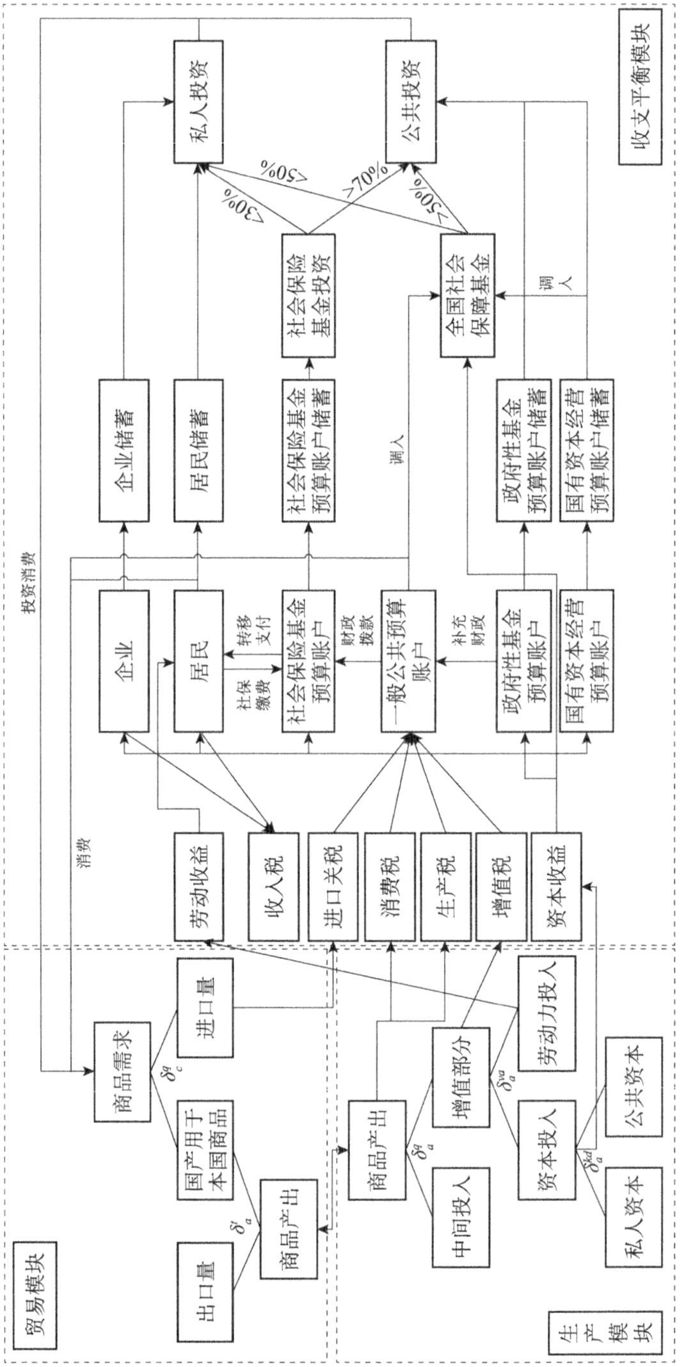
收支平衡模块
私人投资
公共投资
<30%
<50%
>70%
>50%
社会保险基金投资
全国社会保障基金
调入
企业储蓄
居民储蓄
社会保险基金预算账户储蓄
政府性基金预算账户储蓄
国有资本经营预算账户储蓄
调入
投资消费
企业
居民
转移支付
社保缴费
社会保险基金预算账户
财政拨款
一般公共预算账户
补充财政
政府性基金预算账户
国有资本经营预算账户
消费
劳动收益
收入税
进口关税
消费税
生产税
增值税
资本收益
贸易模块
出口量
商品产出
国产用于本国商品
商品需求
进口量
生产模块
中间投入
商品产出
增值部分
劳动力投入
资本投入
私人资本
公共资本

图8-2 CGE模型结构

类似地，第二层结构如下：

$$QVA_a = a_a^{va}\ [\delta_a^{va}\ QLD_a^{\rho_a^{va}} + \ (1-\delta_a^{va})\ QKD_a^{\rho_a^{va}}]^{\frac{1}{\rho_a^{va}}} \tag{8.7}$$

$$\frac{WL}{WK_a} = \frac{\delta_a^{va}}{(1-\delta_a^{va})}\left(\frac{QKD_a}{QLD_a}\right)^{1-\rho_a^{va}} \tag{8.8}$$

$$PVA_a \cdot QVA_a = (1 + tva_a \cdot leiv_a) \cdot (WL \cdot QLD_a + WK_a \cdot QKD_a) \tag{8.9}$$

第三层结构如下：

$$QKD_a = a_a^{kd}\ [\delta_a^{kd}\ QKHD_a^{\rho_a^{kd}} + \ (1-\delta_a^{kd})\ QKGD_a^{\rho_a^{kd}}]^{\frac{1}{\rho_a^{kd}}} \tag{8.10}$$

$$\frac{WKH}{WKG} = \frac{\delta_a^{kd}}{(1-\delta_a^{kd})}\left(\frac{QKGD_a}{QKHD_a}\right)^{1-\rho_a^{kd}} \tag{8.11}$$

$$WK_a \cdot QKD_a = WKH \cdot QKHD_a + WKG \cdot QKGD_a \tag{8.12}$$

8.3.2　贸易模块

国内生产商品主要用于国内市场和出口，同时国内市场的商品除国内生产部分外，还有部分为国外进口，因此为了区分进口商品和国产商品的差异，本书基于阿明顿假设，认为不同区域生产的产品存在不完全替代，同样通过 CES 方程将进口商品（QM_c）和国产内销商品（QDC_c）嵌套合称为国内市场供应商品（QQ_c），替代弹性为ρ_c^q。再通过常转换弹性（CET）方程将国产商品（QA_a）分解为国产内销商品（QDA_a）和出口商品（QE_a）。替代弹性为ρ_a^t。

国内的生产活动的产出商品QA_a 分为国内销售部分QDA_a 和出口部分QE_a，替代关系如下：

$$QA_a = a_a^t\ [\delta_a^t\ QDA_a^{\rho_a^t} + \ (1-\delta)\ QE_a^{\rho_a^t}]^{\frac{1}{\rho_a^t}} \tag{8.13}$$

$$\frac{PDA_a}{PE_a} = \frac{\delta_a^t}{(1-\delta_a^t)}\left(\frac{QE_a}{QDA_a}\right)^{1-\rho_a^t} \tag{8.14}$$

$$PA_a \cdot QA_a = PDA_a \cdot QDA_a + PE_a \cdot QE_a \tag{8.15}$$

出口价格由汇率和国际市场价格决定：pwe_a 是使用外币计算的离岸价格，EXR 为汇率：

$$PE_a = pwe_a \cdot EXR \tag{8.16}$$

国内市场上供应的商品QQ_c 为国产内销部分QDC_c 和进口部分QM_c

的嵌套合成：

$$QQ_c = a_c^q \left[\delta_c^q QDC_c^{\rho_c^q} + (1-\delta_c^q) QM_c^{\rho_c^q}\right]^{\frac{1}{\rho_c^q}} \tag{8.17}$$

$$\frac{PDC_c}{PM_c} = \frac{\delta_c^q}{(1-\delta_c^q)}\left(\frac{QM_c}{QDC_c}\right)^{1-\rho_c^q} \tag{8.18}$$

$$PQ_c \cdot QQ_c = PDC_c \cdot QDC_c + PM_c \cdot QM_c \tag{8.19}$$

进口商品价格由国际市场价格、汇率和进口关税决定；tm_c 为商品进口关税：

$$PM_c = pwm_c (1 + tm_c) EXR \tag{8.20}$$

国内生产国内销售的活动和商品的价格和数量一致，有以下一一映射的关系：

$$QDC_c = \sum_a IDENT_{ac} \cdot QDA_a \tag{8.21}$$

$$PDC_c = \sum_a IDENT_{ac} \cdot PDA_a \tag{8.22}$$

8.3.3 收支平衡模块

收支模块主要描述了居民、企业、政府三个经济体之间的收支平衡关系，与传统的 CGE 模型相比，本书对该部分改动比较大，尤其是基于中国财政“四本账”对于政府部门的详细拆分，整体收支模块的关系如图 8－3 所示。

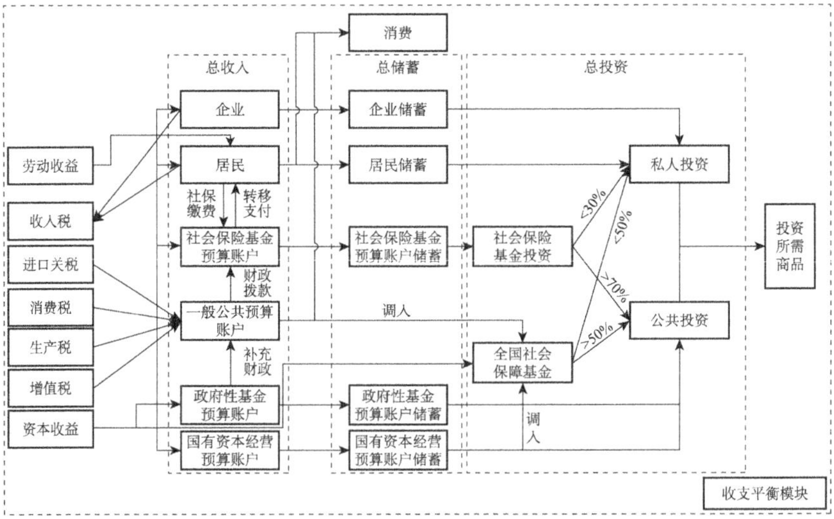

图 8－3 收支平衡模块结构

居民税前收入（YH）包括了劳动报酬、部分私人资本收入和政府部门的转移支付，这里主要指一般公共账户和社保基金账户对居民的转移支付。

$$YH = WL \cdot QLS + shif_{hk} \cdot WKH \cdot QKHS + transfr_{hgov} + transfr_{hsif} \quad (8.23)$$

居民支出除了消费和缴纳个人所得税、社保金以外，还会有部分通过购买国债或地方债的形式归入一般公共预算账户，以弥补当期的财政赤字，剩余部分作为居民储蓄，归入私人投资。

$$YH = HTAX + SIP + \sum_{c} PQ_c \cdot QH_c + Def + HSAV \quad (8.24)$$

其中个人所得税是根据转移支付收入以外的个人所得，按照比例交付：

$$HTAX = ti_h \cdot (WL \cdot QLS + shif_{hk} \cdot WKH \cdot QKHS) \quad (8.25)$$

同样地，社保金也是根据转移支付收入以外的个人所得，按照比例交付：

$$SIP = tsi_h \cdot (WL \cdot QLS + shif_{hk} \cdot WKH \cdot QKHS) \quad (8.26)$$

家庭部门通过消费来满足其商品需求，居民效用函数采用 Cobb - Douglas 效用函数：

$$\max A \prod_{c=1}^{n} QH_c^{shrh_c}$$

$$s.t. \sum_{c} PQ_c \cdot QH_c = mpc_c \cdot (YH - HTAX - SIP - Def) \quad (8.27)$$

消费需求函数以消费者效用最大化为目标，从效用函数中推导得出：

$$PQ_c \cdot QH_c = shrh_c \cdot mpc_c \cdot (YH - HTAX - SIP - Def) \quad (8.28)$$

其中$shrh_c$是商品的消费份额，mpc_c是商品消费倾向。

企业的收支结构较为简单，收入部分主要来源于资本收入和来自一般公共预算的政府补贴，支出部分主要用于缴纳税费，剩余部分归于储蓄，归入私人投资。

$$YENT = shif_{entk} \cdot WKH \cdot QKHS + transfr_{entg} \quad (8.29)$$

$$ENTSAV = (1 - ti_{ent}) \cdot YENT \quad (8.30)$$

政府部门主要被拆分为了以一般公共预算账户、政府性基金预算账户、社保基金预算账户、国有企业经营预算账户、全国社会保障基金账户为主体的五个账户。一般公共预算账户主要继承了传统 CGE 模型政府账户的收支情况，在收入方面，除了各类税收外，还包含了从政府性基金预算账户调用的部分资金：

$$YG = \sum_a (tva_a \cdot leiv_a) \cdot (WL \cdot QLD_a + WK_a \cdot QKD_a) + HTAX + ti_{ent} \cdot YENT + \sum_c tm_c \cdot pwm_c \cdot QM_c \cdot EXR + \sum_a tb_a \cdot PA_a \cdot QA_a + \sum_a tq_a \cdot PA_a \cdot QA_a + transfr_{ggf} \quad (8.31)$$

一般公共预算账户的支出主要分为两部分，一部分（*EG*）为政府消费和对居民与企业的转移支付，另一部分（*TG*）为政府部门间的转移支付，包括向社保基金预算账户和全国社会保障基金账户两部分：

$$EG = \sum_c PQ_c \cdot QG_c + transfr_{hg} + transfr_{entg} \quad (8.32)$$

$$TG = transfr_{sifg} + transfr_{ssfg} \quad (8.33)$$

其中政府在商品上的消费比例由内生决定：

$$PQ_c \cdot QG_c = shrg_c\ (EG - transfr_{hg} - transfr_{entg}) \quad (8.34)$$

对社保基金账户和社会保障基金按比例进行转移支付：

$$transfr_{sifg} = shif_{sifg} \cdot TG \quad (8.35)$$

$$transfr_{ssfg} = shif_{ssfg} \cdot TG \quad (8.36)$$

一般公共预算账户的收支差额等于财政赤字：

$$EG + TG - YG = Def \quad (8.37)$$

政府性基金预算账户的收入来源为资本收益的一部分，支出则为向一般公共预算账户的转移支付，剩余部分作为储蓄（*GFSAV*），后续将转化为公共投资：

$$shif_{gfk} \cdot WKG \cdot QKGS = transfr_{ggf} + GFSAV \quad (8.38)$$

国有企业经营预算账户的收入来源同样为资本收益的一部分，其部分收入会被抽调入全国社会保障基金账户，剩余部分作为储蓄（*GESAV*），后续将转化为公共投资：

$$shif_{gek} \cdot WKG \cdot QKGS = transfr_{ssfge} + GESAV \quad (8.39)$$

其中向全国社会保障基金账户的转移支付按照收入的固定比例分配：

$$transfr_{ssfge} = shif_{ssfge} \cdot shif_{gek} \cdot WKG \cdot QKGS \quad (8.40)$$

社保基金预算账户的收入除了部分资本收益和居民缴纳社保费，还有一般公共预算账户的转移支付，支出主要为向居民发放社保费用，剩余作为储蓄，用于后续投资：

$$shif_{sifk} \cdot WKG \cdot QKGS + SIP + transfr_{sifg} = transfr_{hsif} + SIFSAV \quad (8.41)$$

全国社会保障基金账户的收入主要为部分资本收益和一般公共预算账户和国有企业经营预算账户的转移支付，其收入全部作为储蓄，用于后续的投资：

$$shif_{ssfk} \cdot WKG \cdot QKGS + transfr_{ssfg} + transfr_{ssfge} = SSFSAV \quad (8.42)$$

8.3.4　宏观闭合

CGE 模型的核心思想是一个一般均衡的概念，在均衡市场中，没有配给、闲置资源以及过剩的供给或过度的需求，因此要求商品市场和要素市场出清，储蓄与投资均衡，对外贸易均衡，各政府账户收支均衡。

其中商品市场和要素市场出清由以下公式刻画：

$$QQ_c = \sum_a QINT_{ca} + \sum_h QH_{ch} + QINVH_c + QINVG_c + QG_c \quad (8.43)$$

$$\sum_a QLD_a = QLS + WALRAS \quad (8.44)$$

$$\sum_a QKHD_a = QKHS \quad (8.45)$$

$$\sum_a QKGD_a = QKGS \quad (8.46)$$

储蓄与投资部分，分为私人投资和公共投资，除了居民和企业储蓄全部用于私人投资外，按照《社会保险基金管理办法》和《全国社会保障基金投资管理办法》的相关规定，社保基金预算账户和全国社会保障基金账户中的部分储蓄也将用于私人投资。公共投资的资金来源则为政府性基金预算账户和国有企业经营预算账户储蓄，以及社保基金预算账户和全国社会保障基金账户储蓄的剩余部分：

$$PRIINV = HSAV + shif_{sifpri} \cdot SIFSAV + shif_{ssfpri} \cdot SSFSAV + ENTSAV + EXR \cdot FSA \quad (8.47)$$

$$PRGINV = GFSAV + GESAV + shif_{sifpub} \cdot SIFSAV + shif_{ssfpub} \cdot SSFSAV \tag{8.48}$$

私人投资与公共投资对应的商品消耗：

$$EINVH = \sum_c PQ_c \cdot QINVH_c \tag{8.49}$$

$$EINVG = \sum_c PQ_c \cdot QINVG_c \tag{8.50}$$

总储蓄与总投资相等：

$$PRIINV + PRGINV = EINVH + EINVG \tag{8.51}$$

对外贸易均衡则简化为：

$$\sum_c pwm_c \cdot QM_c = \sum_a pwe_a \, QE_a + FSAV \tag{8.52}$$

8.3.5 递归动态驱动模块

本研究采用递归动力学驱动 CGE 模型的迭代。递归动力学是对静态 CGE 模型的迭代模拟，可以揭示资本、劳动和投资的逐步积累。本研究考虑的递归动态 CGE 模型以人口增长和资本积累作为驱动，即假定劳动力增长率 ε_t^{pop} 与我国人口增长的增长率相同，劳动力的增长描述如下：

$$pop_{t+1} = pop_t \cdot (1 + \varepsilon_t^{pop}) \tag{8.53}$$

$$QLD_{a,t+1} = QLD_{a,t} \cdot (1 + \varepsilon_t^{pop}) \tag{8.54}$$

新增投资额以实际投资额乘上资本投资系数获得，本研究区分了公共部门投资与私人部门资本，因此，公共资本与私人资本的积累也有所区分。其中私人部门投资增量描述如下：

$$\Delta QKHD_{a,t} = \frac{\varepsilon_{a,t}^{cap} \cdot EINVH}{WKH_t} \tag{8.55}$$

公共部门投资增量描述如下：

$$\Delta QKGD_{a,t} = \frac{\varepsilon_{a,t}^{cap} \cdot EINVG}{WKG_t} \tag{8.56}$$

进而，可以获得私人资本存量和公共资本存量的变化：

$$QKHD_{a,t+1} = QKHD_{a,t} \cdot (1 - \mu) + \Delta QKHD_{a,t} \tag{8.57}$$

$$QKGD_{a,t+1} = QKGD_{a,t} \cdot (1 - \mu) + \Delta QKGD_{a,t} \tag{8.58}$$

其中 μ 为资本的折旧率。

此外，自 2000 年以来，中国社会保险基金对居民转移支付比例逐年提高，这对社会福利和财政整顿效果具有重要影响。因此，本研究假设社会保险基金对居民的转移支付不仅根据居民缴纳的社会保险费而增加，而且每年会按照比例 ε_t^{SIF} 增长。在基础情景下，$\varepsilon_t^{SIF}=105\%$，即中国各省份养老金平均增长水平

$$transfr_{hsif,t+1}=\varepsilon_t^{SIF}\cdot\frac{SSC_t}{SSC_0}\cdot transfr_{hsif,t} \tag{8.59}$$

至此，中国财政可计算一般均衡（CGE）模型构建完成，完整的数学公式描述展示在附录 2 中。表 8－1、表 8－2 和表 8－3 集中介绍了模型中所涉及的所有内生变量、外生变量、角标和参数的含义。

表 8－1　角标的定义

角标	角标的定义
a	生产活动
c	商品
h	居民
ent	企业
g	一般公共预算账户
gf	政府性基金预算账户
sif	社会保险基金预算账户
ssf	全国社会保障基金账户
ge	国有资本经营预算账户
pri	私人投资
pub	公共投资

表 8－2　内生变量和外生变量的含义

变量名称	变量含义
QA_a	生产部门产品产量
PA_a	产品价格
QVA_a	产品增加值

续表

变量名称	变量含义
PVA_a	产品增加值的价格
$QINTA_a$	中间投入产品总量
$PINTA_a$	中间投入的价格
$QINT_{c,a}$	中间投入产品
QLD_a	劳动力需求量
WL^*	劳动力价格
QKD_a	资本需求量
WK_a	资本价格
$QKHD_a$	私人资本需求量
WKH	私人资本价格
$QKGD_a$	公共资本需求量
WKG	公共资本价格
QDA_a	国内生产国内使用产品量
PDA_a	国内生产国内使用产品价格
QE_a	出口产品量
PE_a	出口产品价格
QQ_c	国内市场商品量
PQ_c	国内市场商品价格
QM_c	进口商品量
PM_c	进口商品价格
QDC_c	同 PDA_a
PDC_c	同 QDA_a
YH	居民收入
QLS^*	劳动力供给量
$QKHS^*$	私人资本供给量
$QKGS^*$	公共资本供给量
$HTAX$	居民所得税
SIP	社会保险金缴纳额
QH_c	居民对商品的需求量

续表

变量名称	变量含义
$HSAV$	居民储蓄
Def	财政赤字
$YENT$	企业所得税
$ENTSAV$	企业储蓄
YG	一般公共预算账户收入
EG	政府对居民和企业的转移支付
TG	向其他政府账户的资金调入
QG_c	政府对商品的需求量
$GFSAV$	政府性基金预算账户储蓄
$GESAV$	国有资本经营预算账户储蓄
$SIFSAV$	社会保险基金预算账户储蓄
$SSFSAV$	全国社会保障基金账户储蓄
$PRIINV$	私人投资总额
$PRGINV$	公共投资总额
$QINVH_c$	私人投资需要的产品量
$QINVG_c$	公共投资需要的产品量
$FSAV$	经常账户余额
EXR^*	汇率
$Transfr_{x,y}{}^*$	部门 y 向部门 x 的转移支付
$WALRAS$	虚拟变量

注：* 标注表示为外生变量，其他为内生变量，转移支付中政府向居民和企业的转移支付为外生变量，其他为内生变量。

表 8－3　　参数的含义

参数名称	参数含义
a_a^q	缩放参数
δ_a^q	替代弹性
ρ_a	指数参数
a_a^{va}	缩放参数
δ_a^{va}	替代弹性

续表

参数名称	参数含义
ρ_a^{va}	指数参数
a_a^{kd}	缩放参数
δ_a^{kd}	替代弹性
ρ_a^{kd}	指数参数
a_a^t	缩放参数
δ_a^t	替代弹性
ρ_a^t	指数参数
a_c^q	缩放参数
δ_c^q	替代弹性
ρ_c^q	指数参数
pwm_c	进口价格
pwe_a	以外币计算的进口价格
$ica_{c,a}$	中间投入份额
tb_a	其他生产税税率
tq_a	消费税税率
tva_a	增值税税率
$leiv_a$	增值税实际征收税率
tm_c	进口关税税率
$IDENT_{a,c}$	单位矩阵
$shif_{x,k}$	部门 x 的资本收入份额
ti_h	居民所得税税率
ti_{ent}	企业所得税税率
tsi_h	社会保险费率
mpc	边际消费倾向
$shrh_c$	居民消费支出占收入比重
$shrg_c$	政府财政支出占收入比重
$shif_{sif,g}$	一般公共预算账户向社会保险基金预算账户调入资金的比例
$shif_{ssf,g}$	一般公共预算账户向全国社会保障基金账户调入资金的比例
$shif_{ssf,ge}$	国有资本经营预算账户向全国社会保障基金账户转移支付的比例

续表

参数名称	参数含义
$shif_{sif,g}$	一般公共预算账户向社会保险基金预算账户调入资金的比例
$shif_{sif,g}$	一般公共预算账户向社会保险基金预算账户调入资金的比例
$shif_{ssf,g}$	一般公共预算账户向全国社会保障基金账户调入资金的比例
$shif_{ssf,ge}$	国有资本经营预算账户向全国社会保障基金账户转移支付的比例
$shif_{sif,pri}$	社会保险基金预算账户中用于私人投资的资金比例
$shif_{ssf,pri}$	全国社会保障基金账户中用于私人投资的资金比例
$shif_{sif,pub}$	社会保险基金预算账户中用于公共投资的资金比例
$shif_{ssf,pub}$	全国社会保障基金账户中用于公共投资的资金比例
ε_t^{pop}	人口增长率
$\varepsilon_{a,t}^{cap}$	投资系数
ε_t^{SIF}	社会保险基金向居民转移支付的增长率

8.3.6　财政整顿的情景设定和模型参数设置

基于上述动态递归 CGE 模型，可以对财政整顿进行研究。本书模拟了基于收入端的财政整顿和基于支出端的财政整顿两类财政整顿情景，并设置了不整顿情景和混合整顿情景进行对比。此外，为了区分实施财政整顿措施的不同方式，在不同的类别下还设定了更详细的情景。基于收入端的整顿，本研究模拟了政府通过调整增值税、消费税、所得税税率等途径实现财政整顿的情景。基于支出端的整顿，本研究考虑了两类整顿方案，一种是同比例削减政府在各产业部门的财政支出，另一种是为避免政府主导的产业部门在整顿过程中受到严重冲击而考虑的财政支出结构调整方案。此外本研究还考虑了从收入端和支出端同时开展的混合型整顿方案，具体的财政整顿情景设定如表 8－4 所示。

表 8－4　　财政整顿的情景设定

整顿策略	具体整顿方法	具体情景设定
无整顿	不实施财政整顿。	情景 0。

续表

整顿策略	具体整顿方法	具体情景设定
收入端财政整顿	根据经合组织（OECD）经济体财政整顿的成功经验，我们将财政赤字占GDP的比重降低1.5%作为财政整顿的目标①。收入端财政整顿会通过增加各种税收来实现的上述目标。	情景1：所有的税率按照相同的比例提高，以达到减少赤字的目标。 情景2：仅提高增值税税率。 情景3：仅提高消费税税率。 情景4：仅提高所得税税率。
支出端财政整顿	整顿目标与收入端财政整顿相同，支出端财政整顿通过在一般公共预算账户中同比例削减对各产业部门的财政支出以减少财政赤字。此外，我们考虑一种对财政支出结构调整的方法。为了防止政府削减开支对公共行政、环境、卫生和教育部门的破坏性影响，上述部门会获得50%的政府支出削减豁免，具体包括：水利、环境和公共设施管理、居民服务、修理和其他服务、教育、科学研究、技术服务和地质勘探、卫生和社会工作业、公共管理、社会保障和社会组织。豁免额由其他产业部门分担，以确保政府财政支出总削减量保持不变。	情景5：整顿期间不考虑财政支出结构调整。 情景6：整顿期间考虑财政支出结构调整。
混合财政整顿	同时开展收入端财政整顿和支出端财政整顿。	情景7：情景1和情景6中的设置同时生效。两种路径的整顿各承担50%财政赤字削减目标。

表8-5中介绍了模型中具体使用到的替代弹性参数设置。

表8-5　替代弹性参数设置

产业部门	δ_a^q	δ_a^{va}	δ_a^{kd}	δ_c^q	δ_a^t
农林牧渔产品和服务	0.1	0.5	0.5	3.0	3.6
采矿业	0.1	0.2	0.5	3.0	4.0
制造业	0.1	0.9	0.5	3.0	4.6
电力、燃气及水的生产和供应业	0.1	0.2	0.5	0.9	0.5

① 基于Devries等人（2011）编制的财政整顿数据库，统计结果显示，在财政整顿成功的案例中，财政赤字的平均降幅为GDP的1.5%。

续表

产业部门	δ_a^q	δ_a^{va}	δ_a^{kd}	δ_c^q	δ_a^t
建筑业	0.1	0.5	0.5	2.0	3.8
批发和零售业	0.1	0.5	0.5	2.0	3.0
交通运输、仓储和邮政业	0.1	0.5	2.0	2.0	3.0
住宿和餐饮业	0.1	0.5	0.5	2.0	3.0
信息传输、计算机服务和软件业	0.1	0.5	0.5	2.0	3.0
金融业	0.1	0.5	0.5	2.0	3.0
房地产业	0.1	0.5	0.5	2.0	3.0
租赁和商务服务业	0.1	0.5	0.5	2.0	3.0
科学研究、技术服务和地质勘探业	0.1	0.5	1.5	2.0	3.0
水利、环境和公共设施管理业	0.1	0.5	0.5	2.0	3.0
居民服务和其他服务业	0.1	0.5	0.5	2.0	3.0
教育	0.1	0.5	0.5	2.0	3.0
卫生、社会保障和社会福利业	0.1	0.5	0.5	2.0	3.0
文化、体育和娱乐业	0.1	0.5	0.5	2.0	3.0
公共管理和社会组织	0.1	0.5	0.5	2.0	3.0

依据《全国社会保证基金投资管理暂行办法》规定，社会保障基金投资银行存款和国债比例不得低于 50%，投资企业债、金融债比例不得高于 10%，投资股票、基金等证券投资比例不得高于 40%。本研究据此将社会保障基金账户中用于公共投资和私人投资的资金比例 $shif_{ssf,pub}$ 和 $shif_{ssf,pri}$ 设定为 50% 和 50%。由于社会保险基金中的主体部分为养老保险基金，依据《基本养老保险基金投资管理办法》规定，养老基金投资股票、股票基金、混合基金、股票型养老金产品的比例，合计不得高于养老基金资产净值的 30%。本研究据此将社会保险基金预算账户中用于公共投资和私人投资的资金比例 $shif_{sif,pub}$ 和 $shif_{sif,pri}$ 设定为 70% 和 30%。

8.4 数据来源与预处理

8.4.1 社会核算矩阵的编制

编织一张平衡的社会核算矩阵（Social Accounting Matrix，SAM），是CGE模型运行的基础，本书选用了2018年中国国家统计局发布的投入产出延长表作为社会核算矩阵的主要数据基础，该表是中国官方发布的最新投入产出表。除此之外，相较于传统的CGE模型，本书主要拓展了政府部门的设计，因此社会核算矩阵中的政府部门也被拆解成了与中国财政“四本账”有关的多个部门，其中的数据来源主要为中国统计年鉴、中国财政统计年鉴和中国税务统计年鉴，全国社会保障基金账户数据来源为全国社会保障基金理事会社保基金年度报告，进出口数据与税务相关数据来源为海关统计年鉴和中国税务统计年鉴。

本书聚焦于财政整顿问题，因此更为关注受到财政收支影响较大的第三产业，因此在部门的分类上，本书选择将投入产出表中的42个部门整合成为了19个部门，主要将制造业部门进行了整合，最终确定的CGE模型部门划分与投入产出表中的部门划分对应关系如表8－6所示。

表8－6　　投入产出表与CGE模型的部门划分对照

投入产出表部门划分	CGE模型部门划分
农林牧渔产品和服务	农林牧渔产品和服务
煤炭采选产品	采矿业
石油和天然气开采产品	
金属矿采选产品	
非金属矿和其他矿采选产品	

续表

投入产出表部门划分	CGE 模型部门划分
食品和烟草	制造业
纺织品	
纺织服装鞋帽皮革羽绒及其制品	
木材加工品和家具	
造纸印刷和文教体育用品	
石油、炼焦产品和核燃料加工品	
化学产品	
非金属矿物制品	
金属冶炼和压延加工品	
金属制品	
通用设备	
专用设备	
交通运输设备	
电气机械和器材	
通信设备、计算机和其他电子设备	
仪器仪表	
其他制造产品和废品废料	
金属制品、机械和设备修理服务	
电力、热力的生产和供应	电力、燃气及水的生产和供应业
燃气生产和供应	
水的生产和供应	
建筑	建筑业
批发和零售	批发和零售业
交通运输、仓储和邮政	交通运输、仓储和邮政业
住宿和餐饮	住宿和餐饮业
信息传输、软件和信息技术服务	信息传输、计算机服务和软件业
金融	金融业
房地产	房地产业

续表

投入产出表部门划分	CGE 模型部门划分
租赁和商务服务	租赁和商务服务业
研究和试验发展	科学研究、技术服务和地质勘探业
综合技术服务	
水利、环境和公共设施管理	水利、环境和公共设施管理业
居民服务、修理和其他服务	居民服务、修理和其他服务业
教育	教育
卫生和社会工作	卫生和社会工作业
文化、体育和娱乐	文化、体育和娱乐业
公共管理、社会保障和社会组织	公共管理、社会保障和社会组织业

本书构建的 CGE 模型主要将经济划分为 15 个账户，包括了：生产账户，商品账户，生产要素账户（劳动要素账户、公共资本账户、私人资本账户），居民账户，企业账户，政府账户（一般公共预算账户、政府性基金预算账户、社保基金预算账户、国有企业经营预算账户、全国社会保障基金账户），国外账户，储蓄—投资账户（公共资本储蓄—投资、私人资本储蓄—投资）。一张基础 SAM 表的结构如表 8 -7 所示。

8.4.2 社会核算矩阵的配平

通常情况下，由于各统计年鉴数据统计口径的不同，SAM 表在编制之初，行与列之间并不相等。本书采用了 SAM 调平过程常用的交叉熵法来对 SAM 进行调平，该方法的优势在于对整体 SAM 表的数值调整最少，最大化保留了原统计数据提供的信息。经交叉熵法调平后的 SAM 表如表 8 -8 所示，为了简化表述，这里仅提供宏观的 SAM 表，对于各部门的生产和商品数据细节不做过多展示。

8.5 财政整顿的模拟结果与讨论

我们模拟了不同路径、不同方法下财政整顿的经济效应。通过动态递归方法，计算了各情景下财政整顿执行 5 年和 10 年后的结果。与基准情景 0 相比，各情景下财政整顿对各宏观经济指标的影响如表 8 -9 所示。

表 8－7　　基于 2018 年投入产出表编制的基础 SAM 表

	生产	商品	劳动	私人资本	公共资本	居民	企业	一般公共预算账户	政府性基金账户	国有企业经营账户	社保基金账户	全国社会保障基金账户	公共储蓄—投资	私人储蓄—投资	国外账户
生产		总产出													
商品	中间投入					居民消费		政府消费					公共投资	私人投资	出口
劳动	劳动力投入														
私人资本	私人资本投入														
公共资本	公共资本投入														
居民			劳动报酬	居民资本回报				对居民的转移支付			对居民的社保补偿				
企业				企业资本回报				对企业的转移支付							
一般公共预算账户	增值税	进口关税				所得税＋补充赤字		对一般公共账户的补充							
政府性基金账户					公共资本回报										
国有企业经营账户															
社保基金账户						社保缴费		转移支付							
全国社会保障基金账户								转移支付		转移支付					
公共储蓄—投资									政府性基金储蓄	国有企业经营储蓄	储蓄用于公共投资部分	储蓄用于公共投资部分			
私人储蓄—投资						居民投资	企业投资				储蓄用于私人投资部分	储蓄用于私人投资部分			国外储蓄
国外账户		进口													

表 8-8　平衡的社会核算矩阵

单位：十亿元

	生产	商品	劳动	私人资本	公共资本	居民	企业	一般公共预算账户	政府性基金账户	国有企业经营账户	社保基金账户	全国社会保障基金账户	公共储蓄—投资	私人储蓄—投资	国外账户	总计
生产		22914.26													1756.94	24671.20
商品	15734.41					3473.63		1484.06					288.01	3789.13		24769.24
劳动	4750.27															4750.27
私人资本	2907.94															2907.94
公共资本	507.95															507.95
居民			4750.27	2584.84				1550.82			673.81					9559.74
企业				323.10												323.10
一般公共预算账户	770.62	168.63				1987.66	129.24		30.47							3086.62
政府性基金账户					118.03											118.03
国有企业经营账户					16.27											16.27
社保基金账户					156.01	575.45		46.01								777.46
全国社会保障基金账户					217.65			5.74		0.15						223.54
公共储蓄—投资									87.56	16.12	72.56	111.77				288.01
私人储蓄—投资						3523.00	193.86				31.10	111.77			-70.60	3789.13
国外账户		1686.34														1686.34
总计	24671.20	24769.24	4750.27	2907.94	507.95	9559.74	323.10	3086.62	118.03	16.27	777.46	223.54	288.01	3789.13	1686.34	74684.86

表 8－9　各情景下财政整顿对个宏观经济变量的影响相较于基准情景 0 的变化（%）

	情景 1		情景 2		情景 3		情景 4		情景 5		情景 6		情景 7	
	5 年	10 年	5 年	10 年	5 年	10 年	5 年	10 年	5 年	10 年	5 年	10 年	5 年	10 年
国内生产总值	−0.90	−2.16	−0.90	−2.16	−0.91	−2.17	−0.90	−2.17	−0.68	−1.68	−0.67	−1.67	−0.81	−1.96
居民消费	−0.92	−1.62	−0.91	−1.61	−0.92	−1.63	−0.92	−1.63	−0.29	−0.49	−0.29	−0.49	−1.23	−1.27
总投资	−0.61	−0.86	−0.60	−0.85	−0.61	−0.87	−0.61	−0.87	−0.40	−0.71	−0.40	−0.71	−0.40	−0.83
私人投资	−0.53	−0.82	−0.52	−0.81	−0.54	−0.83	−0.54	−0.83	−0.37	−0.65	−0.37	−0.63	−0.43	−0.73
公共投资	−1.26	−2.56	−1.24	−2.51	−1.28	−2.61	−1.28	−2.59	−0.74	−1.44	−0.73	−1.43	−0.88	−2.14
社会保险基金预算	−4.78	−6.28	−4.59	−6.02	−4.99	−6.56	−4.91	−6.45	−1.49	−2.90	−1.48	−2.87	−2.27	−4.17
全国社会保障基金	−1.04	−2.09	−1.03	−2.08	−1.04	−2.09	−1.04	−2.09	−0.97	−1.86	−0.97	−1.86	−1.01	−1.89
国有资本经营预算	−1.10	−2.13	−1.09	−2.13	−1.10	−2.14	−1.10	−2.14	−0.52	−1.19	−0.51	−1.19	−0.79	−1.47
政府性基金预算	−0.63	−1.08	−0.63	−1.08	−0.63	−1.08	−0.63	−1.08	−0.37	−0.71	−0.37	−0.70	−0.42	−0.89
政府财政赤字	−25.57	−25.25	−25.57	−25.25	−25.57	−25.25	−25.57	−25.25	−25.63	−25.37	−25.63	−25.38	−25.60	−25.30

8.5.1 不同途径的整顿措施在宏观层面经济效应

图 8－4 更直观地对比了收入端财政整顿和支出端财政整顿 10 年期的影响结果。与大多数国家财政整顿的经验相似，财政整顿的实现是以一定程度的经济发展损失作为代价的，这是各类整顿措施都无法避免的结果，但从影响市场均衡角度的不同，不同整顿措施对经济的影响程度有所不同。基于收入的财政整顿对各项宏观经济指标表现出更高的负外部性。相较于基础情景，所有整顿措施均实现财政赤字率下降 25% 以上，但收入端财政整顿在 10 年期降低 GDP 2.16%—2.17%，而基于支出的整顿的影响为 1.67%—1.68%。这与以往的研究结论相一致，以增加税收为基础的财政整顿对各项宏观经济指标的负面影响更大。税收增长往往意味着生产成本的提高，这种压力通过生产部门传导进入市场，最终表现为商品价格的上涨，抑制消费需求。而政府支出的削减引发的短期供大于求会导致商品价格下降，进而吸引家庭部门的消费进入补充，两种不同的整顿路径引发的市场反应不尽相同，导致了其最终的经济效应水平的不同。

从家庭部门视角来看，相较于整体经济的损失程度，家庭部门消费水平和私人部门投资水平的受损情况更温和。这得益于“自动稳定器”在经济中发挥的作用，在经济受损的状态下，税收的相应减少和转移支付的增加缓解了家庭部门受到的影响，一定程度上在财政整顿过程中保障了社会福利水平。基于支出的整顿中，家庭部门消费水平的下降仅为 0.49%，低于基于收入的整顿带来的 1.61%—1.63% 的影响，可见“自动稳定器”的作用在基于支出的整顿过程表现更为突出，而调整税收会在一定程度上削弱“自动稳定器”在经济发展受损时发挥的作用。

从政府部门视角来看，在一般公共预算账户完成赤字削减任务的同时，各政府部门储蓄都受到较大的负面影响。充当“自动稳定器”功能的政府部门（如社会保险基金、社会保障基金）会承担更大的财政整顿压力。社保基金因其对家庭部门转移支付比例的增大，受到财政整顿的影响也被放大，一定程度上加速了社保基金账户的枯竭。政府部门的储蓄受损导致了公共投资的削减，进而吸引了更多私人投资的进入补

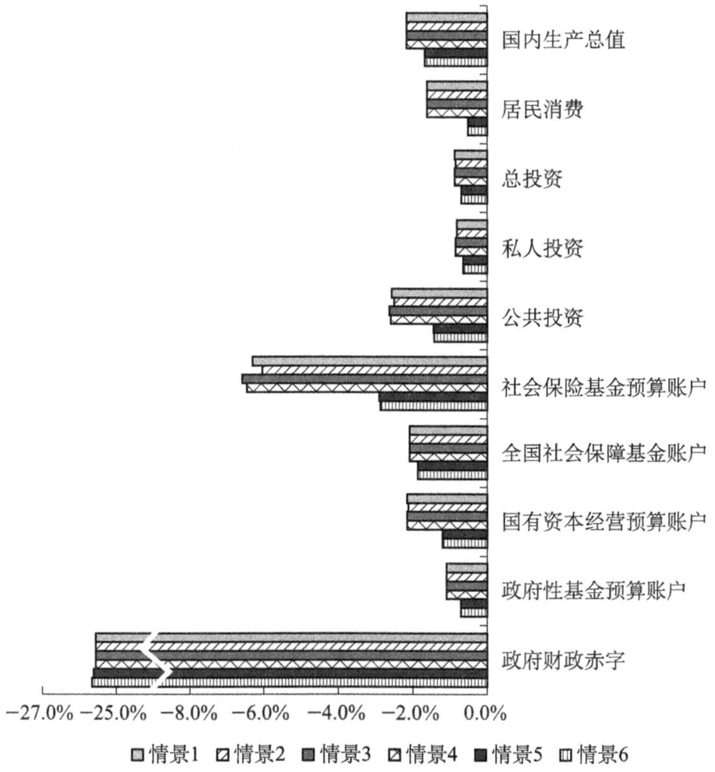

图 8－4　收入端财政整顿和支出端财政整顿的宏观经济影响

足，使公共投资和私人投资在财政整顿过程中呈现差异。基于支出的整顿由于其对整体经济的负外部性更小，所以对各政府部门账户的负面影响也相对温和。而各政府部门在基于收入的整顿中则更受挫，尤其是社会保险基金账户的负面影响甚至高达 6.03%—6.56%。

8.5.2　不同途径的整顿措施在部门层面影响的差异性

基于收入和支出的财政整顿措施，其影响在产业部门之间存在明显差异，图 8－5 比较了两种不同途径的财政整顿（情景 1 和情景 5）对部门的影响。削减财政支出带来的冲击由于传导路径更直接且更有针对性，因此其影响集中在政府消费主导的产业部门（如科学研究，水利、环境和公共设施管理，教育，卫生、社会保障和社会福利，文化体育和娱乐，公共管理和社会组织等），而税收带来的影响更多是通过家庭部门的消费和投资进一步传导，因此其影响相对分散，农林牧渔、采矿业、制造业、房地产、金融等家庭部门主导的产业部门受到的影响相对较大。此外，政府主导的产业部门可能具有更高的正外部性，在整顿过程中对其他产业部门的负面影响更少，因此在整顿过程中承担更大压力是有利于保护其他产业部门的，这也为“基于支出的整顿比基于收入的整顿具有更小的经济负外部性”提供了一种部门层面的解释。

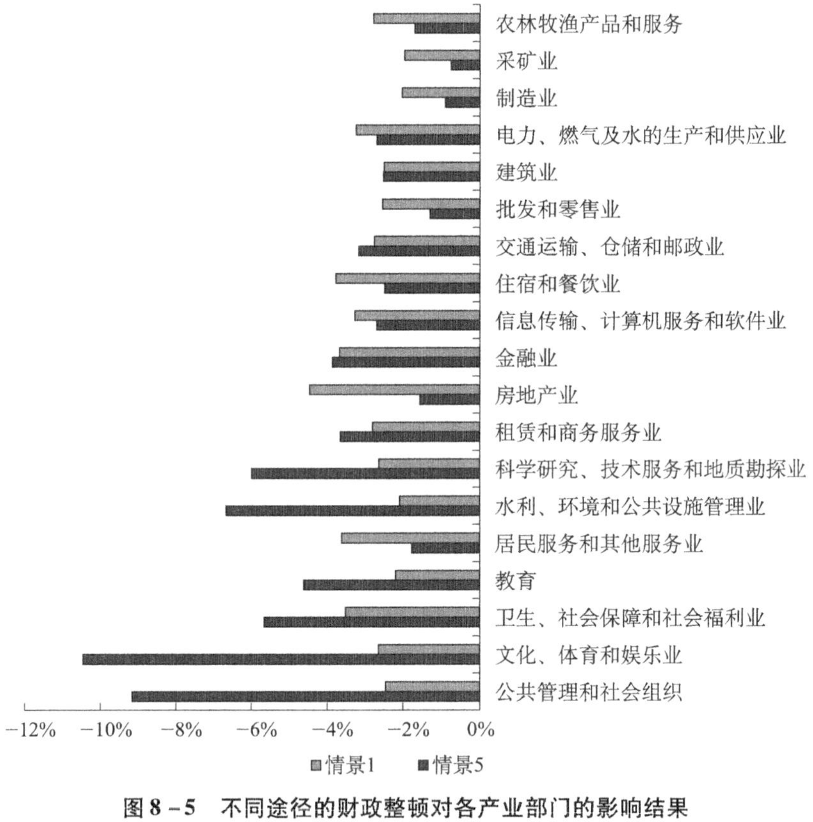

图 8－5　不同途径的财政整顿对各产业部门的影响结果

8.5.3　相同途径不同类型的整顿措施在宏观层面影响的差异性

基于收入的财政整顿，无论选择单一地增加某种类型的赋税（增值税、消费税、所得税），或是将增税压力分摊给各个税种，其对宏观经济的负面影响是相近的。相较于增收消费税或所得税，增收增值税对各项宏观经济指标的负面影响略低，但这种差异是微小的，如对于

GDP 的负面影响差异不足 0.02%。相似的情况也出现在基于支出的财政整顿过程中，对部分政府支出主导的产业部门的保护在较小的程度上加深了整顿对整体经济带来的冲击。可见财政整顿的整体效果对于财政整顿的体量和途径是敏感的，而对产业部门层面的调整并不敏感。

8.5.4　相同途径不同类型的整顿措施部门层面影响的差异性

相同途径不同类型的财政整顿在宏观层面的经济效应是相近的，但在部门层面的影响却有较大差异。

基于不同税收类型的整顿措施由于其在部门层面的不同传导过程表现出较大的影响差异性。图 8 - 6 展示了不同税收类型的整顿措施对各产业部门的影响。增值税的增加会影响各产业部门的生产成本，间接影响商品价格和市场供需，而增加消费税，其影响会直接表现在商品价格上，两者会从供给侧影响消费；而所得税的增加则是通过减少家庭部门收入的形式，从需求侧影响家庭部门的消费与投资。不同的传导途径和产业部门间不同税种不同的征税比例导致了各产业部门在不同途径的收入型财政整顿过程中受到的影响不尽相同。从实证结果来看，增加增值税的负面影响在房地产、金融等服务业中更为严重，而对于第一产业（农林牧渔）和第二产业（采矿，制造），其负面影响要相对其他税种的整顿更小；增加消费税带来的负面影响则在采矿，电力、燃气及水生产，租赁和商务服务等部门中表现更为突出；而增加所得税的影响在经过家庭部门的效用函数优化后，在各产业部门间表现得较为均衡。将增税水平分摊到各税种中，其对各产业部门的影响也会随之分散，整体影响均介于三种单一的增税模式之间。

支出结构调整在部门层面的影响也是明显的，图 8 - 7 展示了支出结构调整前后的整顿在部门层面的影响。在支出结构调整后，受保护的产业部门（水利、环境和公共设施管理，教育，卫生、社会保证和社会福利，公共管理和社会组织）所受到的冲击明显降低，文化、体育和娱乐，科学研究和地质勘探，交通运输等行业，在整顿过程中受损情况扩大。但相较于其他产业部门的损失而言，政府支出涉及的产业部门，依然承担了财政整顿的主要压力。

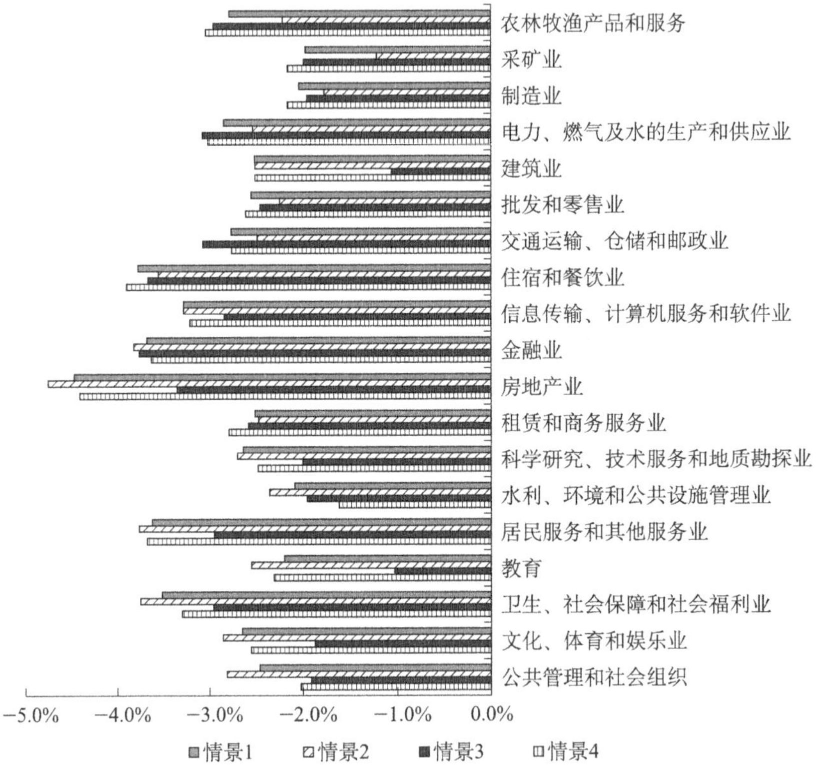

图 8-6　不同税收类型的财政整顿对各产业部门的影响

8.5.5　混合策略的财政整顿的优势

中国当前奉行的财政准则是"政府过紧日子，人民过好日子"，政府收入方面，减免税费依然是中国财政政策调整的主旋律，21 世纪以来，各类税种税率均有所下调，尚未有过增税的财政政策出台。而政府支出方面，中国政府也正在大力推行全方位地缩减各级政府开支，2020 年，为应对疫情的暴发，中国中央政府工作报告指出"中央政府需要带头削减开支，非急需非刚性支出需要压减 50% 以上"。在政府支出已经承担如此巨大压力的状态下，再将财政整顿的重担施加于政府支出端显然是不合理的。但鉴于中国政府始终保持的"温和面孔"，突然大幅增税也不符合中国政府的财政作风，甚至可能会引发社会问题，影响社会稳定。因此，本书模拟一种"开源节流"的混合整顿策略，从两种

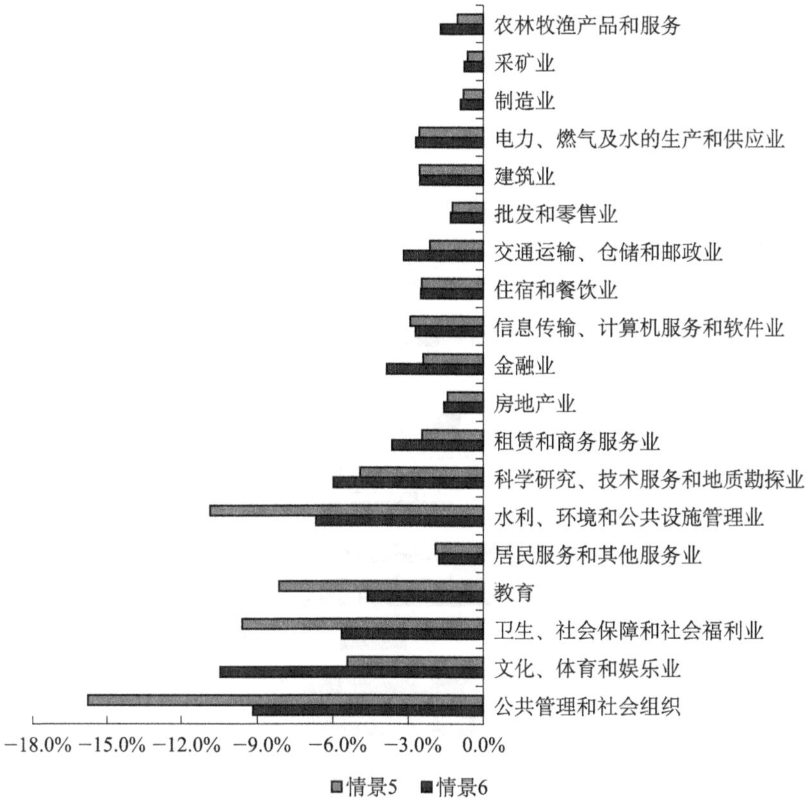

图 8－7　支出结构调整前后的财政整顿对各产业部门的影响

途径同时开展财政整顿。图 8－8 对比了混合整顿策略（情景 7）与单一的基于支出（情景 6）或收入（情景 1）的整顿对经济影响的差异。

从模拟结果来看，混合整顿策略在缓解了政府收入端与支出端的财政压力的同时，也较好地继承了收入型整顿和支出型整顿的优点。在宏观层面，混合整顿策略带来的经济损失要显著小于收入型整顿，对 GDP 的负面影响从 2.165% 下降到了 1.958%，对于社会保险基金的保护尤为明显，负面影响从 6.278% 下降到了 4.175%。在部门层面，政府支出削减波及的科学研究、技术服务和地质勘探，水利、环境和公共设施管理，教育，卫生、社会保障和社会福利，文化、体育和娱乐，公共管理和社会组织等产业部门，相比于支出型整顿，这些部门的整顿压力得到了进一步缓释，避免了在财政整顿过程中受到沉重打击。

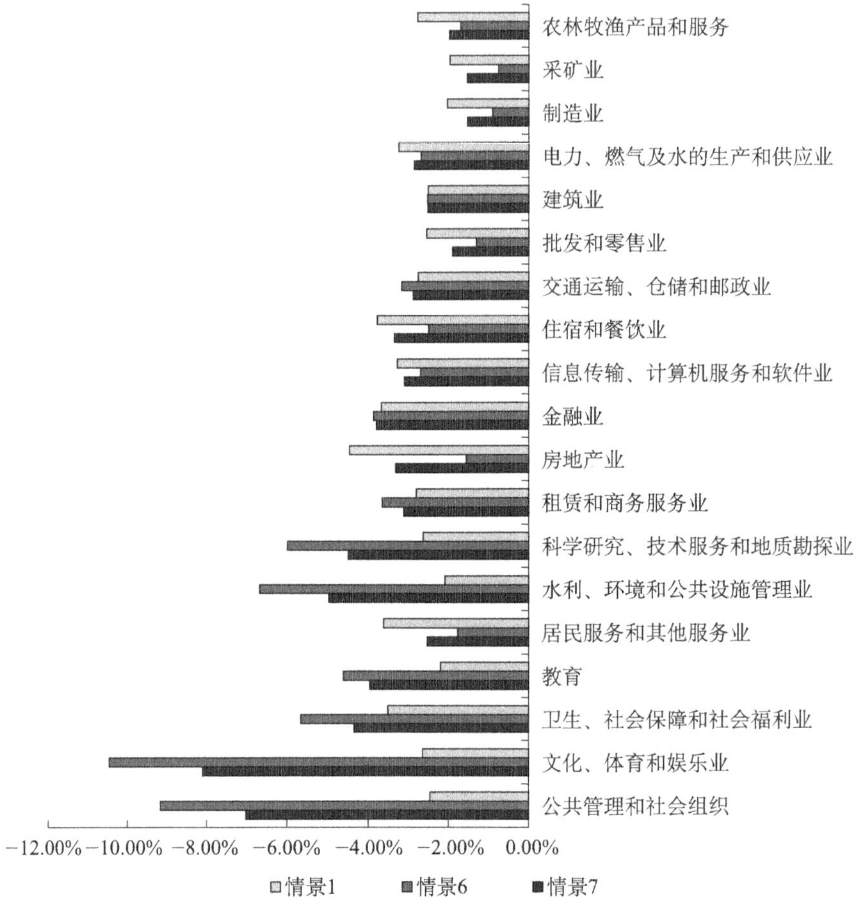

图 8-8　混合整顿与单一的基于支出或收入的整顿对各产业部门的影响

8.6　模型稳健性检验

从以往研究中借鉴的参数（如替代弹性）或从 SAM 表中的数据（如边际消费倾向 *mpc*）计算得到的参数，其稳健性是得到了广泛验证的，无需再展开讨论。我们重点关注动态递归块中参数 ε_t^{SIF} 的稳健性，以及场景设置中赤字削减目标参数的稳健性。

8.6.1　社会保险金转移支付增长率的稳健性检验

我们设定了更高的社会保险收益增长率（110%）。在与情景 1 相同的财政整顿措施下模拟了 5 年期的结果。该情景下财政整顿带来的宏观影响如表 8－10 所示。

表 8－10　不同社会保险收益增长率下的财政整顿影响（%）

	情景 1	情景 1*
国内生产总值	−0.90	−0.89
居民消费	−0.92	−0.83
总投资	−0.61	−0.59
私人投资	−0.53	−0.49
公共投资	−1.26	−1.41
社会保险基金预算账户	−4.78	−7.46
全国社会保障基金账户	−1.04	−1.00
国有资本经营预算账户	−1.10	−1.03
政府性基金预算账户	−0.63	−0.62
政府财政赤字	−25.57	−25.57

注：* 表示参数修改后的情景。

随着社会保险收益的快速增长，居民通过再分配获得了更多的收入。因此，财政整顿对居民消费和私人投资的负面影响得到了缓解。但这进一步加剧了社会保险基金预算账户储蓄的耗竭，也减少了公共投资。在不同参数设置下，模型中的资金流均符合预期，进一步证明了模型的有效性。

8.6.2　赤字削减目标的稳健性检验

我们从每一类财政整顿方案中各选择一种情景（情景 1、情景 6 和情景 7），将其赤字削减目标从 GDP 的 1.5% 提高到 2.5%，并保留其财政整顿方法。我们利用该模型模拟了 10 年期的财政整顿结果。整顿目标调整前后的宏观影响对比如表 8－11 所示。

表 8－11　不同赤字削减目标下的财政整顿的影响（%）

	情景 1	情景 1*	情景 6	情景 6*	情景 7	情景 7*
国内生产总值	－2.16	－2.70	－1.67	－2.24	－1.96	－2.46
居民消费	－1.62	－1.23	－0.49	－0.61	－1.27	－2.56
总投资	－0.86	－1.02	－0.71	－0.82	－0.83	－0.83
私人投资	－0.82	－0.97	－0.63	－0.75	－0.73	－0.84
公共投资	－2.56	－2.61	－1.43	－1.69	－2.14	－2.21
社会保险基金预算账户	－6.28	－10.34	－2.87	－4.82	－4.17	－7.13
全国社会保障基金账户	－2.09	－2.70	－1.86	－2.16	－1.89	－2.42
国有资本经营预算账户	－2.13	－2.57	－1.19	－1.42	－1.47	－2.08
政府性基金预算账户	－1.08	－1.26	－0.70	－0.96	－0.89	－1.06
政府财政赤字	－25.25	－40.11	－25.38	－40.23	－25.30	－40.17

注：* 表示参数修改后的情景。

显然，实现更艰巨的整顿目标将对宏观经济指标产生更大的负面影响。整顿规模的增加虽然可以更快地减少赤字，但也会阻碍经济的发展。这一结论与以往大量研究结果一致。在更严格的设定下，混合整合的结果也保持了与基于收入端的整顿和基于支出端的整顿的原有关系，并没有推翻之前的结论。进一步验证了本研究模型的稳健性。

8.7　本章小结

本章通过一个递归动态的 CGE 模型对中国的财政整顿过程进行了模拟，基于中国政府财政“四本账”的结构丰富了 CGE 模型中的政府部门，构建了更具中国特色的政府部门间资金流动体系，在相同的整顿目标之下，对不同途径（基于财政收入和基于财政支出）和不同类型（不同增税比例和不同支出比例）的财政整顿措施进行了评估。

整体上看，财政整顿会让中国的经济发展付出一定程度的代价，财政整顿目标的实现需要以损失部分经济发展为成本，而基于收入的整顿相比基于支出的整顿所需的成本更大，这与前人的研究结论相一致。从部门层面的影响来看，在基于支出的整顿过程中，政府主导的产业部门承担了更多的整顿压力，这些部门具有更高的正外部性可能是基于支出的整顿可以以更小的经济代价实现整顿目标的原因。

财政整顿对于家庭部门的影响是政策制定者关注的重点，如果整顿引起社会福利的大幅削减，其引发的社会问题可能更为严峻。中国的财税制度与社保制度在整顿过程中发挥了“自动稳定器”的作用，税收的减免与转移支付的增加一定程度对冲了整顿带来的家庭部门收入损失，但这种“自动稳定器”的功能在基于收入的整顿过程中被削弱。充当“自动稳定器”的社会保险基金也会因承担了更多的整顿压力而加速枯竭，在适当的时机启用社会保障基金对其进行补充是有必要的。

政策的协调性是财政整顿的关键，整体发展与经济结构需要在整顿过程中得到充分协调。既不能以牺牲大幅的经济发展速度为代价，也不能对个别产业部门造成沉重影响进而重创经济结构。考虑到大幅增税或削减政府开支在实际执行过程中的困难，一种开源节流的混合型整顿策略值得被考量。它既可以缓解政府在收入端与支出端的财政整顿压力，又兼顾了支出型与收入型整顿的优势，在降低了整顿的经济成本的同时，使部分政府主导的产业部门在整顿过程中得以幸免于难。

目前本书构建的中国财政可计算一般均衡模型，仍有进一步改进的空间。现有的 CGE 模型由于涉及部门众多、求解难度大等问题，很少将货币市场和资本市场引入模型中，资本的折旧和积累通常直接通过投入产出表获得。但事实上，货币市场与资本市场在经济体运行过程中发挥着不可忽略的重要作用。进一步细化 CGE 模型中对货币市场和资本市场的刻画，解决大规模非线性矩阵求解问题，将有助于我们更细致地刻画中国宏观经济运行过程，构建更加完善的中国财政 CGE 模型。

第9章

结束语

9.1 研究结论与政策建议

本书围绕着公共债务激增这一主题展开，从认识公共债务激增，到了解公共债务激增，再到应对公共债务激增，全方位多角度地对公共债务激增展开讨论。本书的主要研究结论如下：

（1）对公共债务激增的测度方法进行了研究。对比了转折点法、上确界 ADF 检验法、流量识别法在公共债务激增事件识别中的优劣，并基于灵敏性和准确性选择了流量识别法。构建了涵盖 86 个经济体 1951—2021 年的公共债务激增事件数据库，并分析了事件前后的宏观经济、金融环境变化。发现近几十年来，平均每个经济体会经历 5 次左右持续时间通常不超过 3 年的公共债务激增，这与公共债务作为强财政政策的特点相符。公共债务激增呈现周期性和区域性聚集，与经济衰退和财政扩张高度相关。事件研究揭示，公共债务激增常在经济衰退期出现，虽然扩张性财政政策能刺激经济，但过度依赖发债的经济纾困政策可能导致政府陷入财政困境。此外，公共债务激增引发金融市场震荡，政府需在降低融资成本与遏制通胀间权衡，加剧经济政策不确定性和金融市场波动。

（2）对公共债务激增的主要驱动因素进行了研究。通过公共债务动态分解，明确了导致公共债务激增的主要原因是政府财政收支平衡由盈余向赤字的转变，和政府对债务的存量流量调整。导致财政赤字在债务激增期间大幅增长的主要原因是政府税收的下降和财政消费支出与医疗支出的增长，这通常是由于政府为应对经济衰退而采取的财政扩张。债务的存量流量调整在债务激增期的增加主要是由于银行业或有债务的发生。因此，在经济衰退期适度且合理地调整财政政策，以及建立健全财政金融体制以防范或有债务风险，是避免公共债务激增的关键。

（3）对公共债务激增对宏观经济的影响进行了研究。利用局部投影方法，分析了公共债务激增在经济衰退和扩张期对不同宏观经济变量的影响，定量研究了这些变量在两种经济状态下的差异，验证了公共债务激增的非对称效应。同时，比较了公共债务激增与积压的不同影响，以及两者间的协同作用。针对不同发展水平的经济体，分析了公共债务激增影响的差异性。研究发现，经济衰退期的公共债务激增对初期经济复苏有一定的提振作用，但会导致财政不可持续和后期经济恢复减慢；扩张期的债务激增对经济增长影响微弱。高负债政府在衰退期财政应对能力受限，债务激增会进一步恶化财政状况，加深经济衰退程度，延缓经济复苏。无论是发达还是发展中经济体，公共债务激增都会阻碍经济的复苏进程，尤其是发展中经济体受影响更为严重。因此，政府在使用公共债务这一财政手段时需谨慎，以避免过度举债导致的不良后果。

（4）对公共债务激增对金融稳定性的影响进行了研究。采用局部投影方法深入分析了债务激增在经济衰退期对广义和狭义金融稳定性的影响，并通过累积脉冲响应的测算比较了各变量在衰退路径上的差异。研究结果显示，公共债务激增对银行系统稳定性的影响具有两面性，既可能削弱也可能增强其稳定性，这取决于债务融资的资金使用。然而，从广义金融视角看，公共债务激增对所有宏观经济部门稳定都产生了负面影响。在金融危机引发的衰退中，这种影响更为显著，可能加剧衰退和危机。此外，公共债务激增对不同经济发展水平的经济体影响也不同，发达经济体虽然在银行业营利和抗风险方面较新兴发展中经济体有优势，但也更易受信贷泡沫破碎的冲击。

（5）对公共债务激增导致的金融危机和财政危机风险加剧进行了研究。基于公共债务激增的视角，探讨了公共债务在银行业危机、货币危机、主权债务危机和财政危机预警中的作用。固定效应面板 Logit 回归模型的实证结果表明，公共债务激增对银行业危机的预警作用不明显。这主要是由于在债务激增期间，政府实施的大量针对银行业的纾困政策阻断了风险向银行业的传导。因此，支持金融系统纾困和提高财政支出投资效率是降低银行业危机风险的有效方法。对于货币危机预警，公共债务激增至关重要。为了避免债务激增引发的资本外逃，政策制定者需要制定更平稳可持续的发债策略，并完善灵活的货币政策和汇率制度。对于主权债务危机和财政危机预警，债务存量和激增都是有效指标，且风险叠加，高负债率国家更需避免债务激增，适时开展财政整顿控制债务规模，以避免危机的发生。

（6）对公共债务激增后的最优财政整顿策略进行了研究。利用递归动态的 CGE 模型，结合中国财政“四本账”的结构特点，评估了不同途径和类型的财政整顿措施对中国经济的影响。结果显示，财政整顿是以经济发展为代价的，其中基于收入端的财政整顿成本更大。在支出端的财政整顿中，政府主导的产业部门承担更多压力，但其更高的正外部性可能降低整体的经济成本。家庭部门在整顿中受影响较大，但中国的财税和社保制度发挥了“自动稳定器”作用，对冲了部分收入损失。而社保基金由于在整顿过程中承压过重而加速枯竭，需要社会保障基金适时对其进行补充。在推行财政整顿政策时，政策制定者需要重点考虑政策的协调性，在宏观层面不能牺牲过多经济发展的同时，又不能重创产业结构。因此，开源节流的混合型整顿策略可能是更为理想的选择，既能缓解财政压力，又能兼顾各种整顿优势，降低经济成本，同时能对部分政府主导的产业部门起到保护作用。

根据上述结论，本书归纳了以下四点政策建议，供政策制定者参考：

（1）审慎管理公共债务融资与使用：政策制定者需要充分认识到公共债务激增可能带来的风险，并对其进行审慎管理。在决策过程中，应全面评估公共债务融资的必要性、可行性和可持续性，确保债务规模与经济增长、财政收支等基本面因素相匹配。同时，政府应优化财政支出结构，提高投资效率，确保公共债务资金用于促进经济增长和提高社会福利的有效领域。

（2）完善公共债务发行规划与策略：为避免财政危机、金融危机等风险，政策制定者应制定平稳、可持续的公共债务发行策略。这包括合理规划债务期限结构、选择合适的发债时机和方式、适度控制发债规模等。此外，应建立灵活且富有弹性的货币政策和汇率制度，以便在公共债务激增引发市场波动时，能够及时应对并稳定市场情绪。

（3）加强跨部门协调与监管：考虑到公共债务激增可能对多个经济部门产生连锁反应，政策制定者应加强跨部门的协调与监管。这涉及财政、金融、外汇等多个领域，需要建立健全的跨部门合作机制和信息共享平台，以便及时发现并应对潜在风险。建立统一的财政预算和公共债务数据统计口径，从根本上解决存量流量调整的“黑箱”问题。

（4）强化风险预警与应对机制：为有效应对公共债务激增带来的影响，政策制定者应建立和完善风险预警与应对机制。这包括加强对财政赤字水平、外债持有量、或有债务水平等公共债务相关经济指标的监测，分析预测其变化趋势，以及时发现潜在风险；制定针对公共债务激增后的详细财政整顿策略，以及应对公共债务激增引发的不同类型危机的应急预案；加强国际合作与交流，共同应对全球性挑战。

9.2　研究展望

在本书中，我们对公共债务激增的宏观经济效应以及财政应对问题进行了分析，对于全球范围内的公共债务激增问题有了更深层次的认识，同时也取得了一系列重要的研究结论，但本书开展的一系列研究仍然存在一些局限性。未来我们将从以下方面进行进一步的丰富，以构建一个更完善的公共债务激增研究体系：

（1）开展低收入国家的公共债务激增问题研究。为了更好地理解和解决公共债务激增问题，我们需要进一步拓展样本数据，并构建涵盖低收入国家的公共债务激增事件库。虽然本研究受限于数据获取渠道，未能将低收入国家纳入分析中，但针对低收入国家开展公共债务激增的研究是十分关键的。低收入国家的经济发展水平相对落后，财政脆弱性凸显，因此更需要防止公共债务激增。通过对低收入国家公共债务激增的研究，我们可以更好地了解这些国家的债务状况和经济发展情况，并为其提供更有效的解决方案，帮助它们实现债务可持续与经济发展之间的平衡。

（2）进一步开展公共债务激增对国际贸易的影响研究。在开放经济的格局下，全球经济发展呈现高度的互联互通，国际贸易是连接各经济体的重要环节，各国的债务管理已经不再是经济体内部的问题，其影响会通过国际贸易在全球范围内进一步传递。构建一个开放经济模型，以模拟公共债务激增导致的影响外溢和经济体间的传导，有助于我们进一步探究公共债务激增影响的溢出效应，为全球经济体共同应对公共债务激增提供理论指导。

（3）进一步细化中国财政可计算一般均衡（CGE）模型的构建。现有的CGE模型由于涉及部门众多、求解难度大等问题，很少引入货币市场和资本市场，资本的折旧和积累通常直接通过投入产出表获得。但事实上，货币市场与资本市场在经济体运行过程中发挥着不可忽略的重要作用。进一步细化CGE模型中对货币市场和资本市场的刻画，解决大规模非线性矩阵求解问题，将有助于我们更细致地刻画中国宏观经济运行过程，构建更加完善的中国财政CGE模型。

参考文献

[1] Fiscal monitor: Policies for the recovery [R]. Washington, D. C.: International Monetary Fund, 2020.

[2] Fiscal Monitor Update: Government Support Is Vital as Countries Race to Vaccinate [R]. Washington, D. C.: International Monetary Fund, 2021.

[3] International Debt Statistics 2022 [R]. Washington, D. C.: World Bank Group, 2022.

[4] Fiscal monitor: A Fair Shot [R]. Washington, D. C.: International Monetary Fund, 2021.

[5] K Rogoff, Government Debt Is Not a Free Lunch [N]. Project Syndicate, 2019 - 1 - 11.

[6] A world of debt: A growing burden to global prosperity [R]. New York: The United Nations Global Crisis Response Group, 2023.

[7] Henning Bohn. The Behavior of U. S. Public Debt and Deficits [J]. The Quarterly Journal of Economics, 1998, 113 (3): 949 - 963.

[8] Patrick Feve, Henin Pierre-Yves. Assessing Effective Sustainability of Fiscal Policy within the G-7 [J]. Oxford Bulletin of Economics and Statistics, 2000.

[9] Merih Uctum, Wickens Michael. Debt and deficit ceilings, and sustainability of fiscal policies: an intertemporal analysis [J]. Federal Reserve Bank of New York, 1996.

[10] M Getzner, E Glatzer, Neck. On the Sustainability of Austrian

Budgetary Policies [J]. Empirica, 2001, 28 (1): 21 –40.

[11] S Makrydakis, E Tzavalis, Balfoussias. Policy regime changes and the long-run sustainability of fiscal policy: an application to Greece [J]. Economic Modelling, 1999, 16 (1): 71 –86.

[12] Alberto Alesina, Hausmann Ricardo, Hommes Rudolf, et al. Budget institutions and fiscal performance in Latin America [J]. Journal of Development Economics, 1999.

[13] Charles Wyplosz. Fiscal Policy: Institutions versus Rules [J]. National Institute Economic Review, 2016.

[14] Andrea Cipollini. Testing For Government Intertemporal Solvency: A Smooth Transition Error Correction Model Approach [J]. Manchester School, 2010, 69 (6): 643 –655.

[15] Philip Arestis, Cipollini Andrea, Fattouh Bassam. Threshold Effects in the U. S. Budget Deficit [J]. Economic Inquiry, 2004.

[16] Baharumshah, Zubaidi Ahmad, Soon, et al. Fiscal sustainability in an emerging market economy: When does public debt turn bad? [J]. Journal of Policy Modeling, 2017.

[17] Peter-C-B Phillips, Wu Yangru, Yu Jun. Explosive Behavior in the 1990s Nasdaq: When Did Exuberance Escalate Asset Values? [J]. International Economic Review, 2011.

[18] Peter-C-B Phillips, Shi Shuping, Yu Jun. Testing for Multiple Bubbles: Historical Episodes of Exuberance and Collapse in the S&P 500 [J]. International economic review, 2015, 56 (4): 1043 –1077.

[19] Victor Bystrov, Mackiewicz Micha. Recurrent explosive public debts and the long-run fiscal sustainability [J]. Journal of Policy Modeling, 2020, 42.

[20] Vicente Esteve, Prats María-A. Testing explosive bubbles with time-varying volatility: The case of Spanish public debt [J]. Finance Research Letters, 2023, 51.

[21] Don Harding, Pagan Adrian. Dissecting the cycle: a methodologi-

cal investigation [J]. Journal of Monetary Economics, 2002, 49 (2): 365 -381.

[22] Wee-Chian Koh, Kose M-Ayhan, Nagle Peter-S, et al. Debt and Financial Crises [J]. Policy Research Working Papers, 2020.

[23] Guillermo-A Calvo. Capital Flows and Capital-market Crises: The Simple Economics of Sudden Stops [J]. Journal of Applied Economics, 1998, 1 (1): 35 -54.

[24] Carmen-M Reinhart, Reinhart Vincent-R. Capital Flow Bonanzas: An Encompassing View of the Past and Present [J]. NBER International Seminar on Macroeconomics, 2008, 59 -62.

[25] Kristin-J Forbes, Warnock Francis-E. Capital flow waves: Surges, stops, flight, and retrenchment [J]. Journal of International Economics, 2012, 88 (2): 235 -251.

[26] Joshua Aizenman, Marion Nancy. Using inflation to erode the US public debt [J]. Journal of Macroeconomics, 2011, 33 (4): 524 -541.

[27] Laura Jaramillo, Mulas-Granados Carlos, Kimani Elijah. Debt spikes and stock flow adjustments: Emerging economies in perspective [J]. Journal of Economics and Business, 2017, 941 -14.

[28] Laura Jaramillo, Mulas Granados Carlos, Jalles Joao-Tovar. Debt spikes, blind spots, and financial stress [J]. International Journal of Finance & Economics, 2017, 22 (4): 421 -437.

[29] Camila-F-S Campos, Jaimovich Dany, Panizza Ugo. The Unexplained Part of Public Debt [J]. Emerging Markets Review, 2006, 7 (3): 228 -243.

[30] Anke Weber. Stock-Flow Adjustments and Fiscal Transparency: A Cross-Country Comparison [J]. Imf Working Papers, 2012, 12 (39).

[31] Jürgen von Hagen, Wolff Guntram-B. What do deficits tell us about debt? Empirical evidence on creative accounting with fiscal rules in the EU [J]. Journal of Banking & Finance, 2006, 30 (12): 3259 -3279.

[32] António Afonso, Jalles João-Tovar. Stock flow adjustments in sov-

ereign debt dynamics: The role of fiscal frameworks [J]. International Review of Economics & Finance, 2020, 651 – 16.

[33] Mike Seiferling. Stock-Flow Adjustments, Government's Integrated Balance Sheet and Fiscal Transparency [J]. IMF Working Papers, 2013, 13 (63).

[34] Julio Escolano, Escolano Julio. A practical guide to public debt dynamics, fiscal sustainability, and cyclical adjustment of budgetary aggregates [M]. International Monetary Fund Washington, DC, 2010.

[35] Fabrizio Casalin, Cerniglia Floriana, Dia Enzo. Stock-flow adjustments, public debt management and interest costs [J]. Economic Modelling, 2023, 129106531.

[36] Katharina Bergant. The role of stock-flow adjustment during the global financial crisis [J]. Journal of International Money and Finance, 2021, 110102261.

[37] Ms-Elva Bova, Ruiz-Arranz Marta, Toscani Mr-Frederik-G, et al. The fiscal costs of contingent liabilities: A new dataset [M]. International Monetary Fund, 2016.

[38] Matthew Canzoneri, Collard Fabrice, Dellas Harris, et al. Fiscal Multipliers in Recessions [J]. The Economic Journal, 2016, 126 (590): 75 – 108.

[39] Pascal Michaillat. A Theory of Countercyclical Government Multiplier [J]. American Economic Journal: Macroeconomics, 2014, 6 (1): 190 – 217.

[40] Wenyi Shen, Yang Shu-Chun-S. Downward nominal wage rigidity and state-dependent government spending multipliers [J]. Journal of Monetary Economics, 2018, 9811 – 26.

[41] Balázs Égert. The 90% public debt threshold: the rise and fall of a stylized fact [J]. Applied Economics, 2015, 47 (34 – 35): 3756 – 3770.

[42] Jørgen Elmeskov, Sutherland Douglas. Post-Crisis Debt Overhang: Growth Implications Across Countries [J]. ERN: National

Budget, 2012.

[43] P-A Diamond. National Debt in a Neoclassical Growth Model [J]. American Economic Review, 1965, (60): 1126 – 1150.

[44] Douglas-W Elmendorf, Gregory Mankiw N. Chapter 25 Government debt [J] . Elsevier, 1999: 1615 – 1669.

[45] Ian Walker. Dynamic Fiscal Policy [J]. The Economic Journal, 1988, 98 (392): 873 – 874.

[46] Stephen-J Turnovsky. Methods of Macroeconomic Dynamics, 2nd Edition [J]. MIT Press Books, 2000, 1.

[47] Carmen-M Reinhart, Rogoff Kenneth-S. Growth in a Time of Debt [J]. Social Science Electronic Publishing, 2010.

[48] Stephen-G Cecchetti, Mohanty Sunil, Zampolli Fabrizio. Achieving Growth Amid Fiscal Imbalances: The Real Effects of Debt [A] //2013.

[49] Anja Baum, Checherita-Westphal Cristina, Rother Philipp. Debt and growth: New evidence for the euro area [J]. Journal of International Money & Finance, 2013, 32 (FEB.): 809 – 821.

[50] Cristina Checherita-Westphal, Hughes Hallett Andrew, Rother Philipp. Fiscal sustainability using growth-maximizing debt targets [J]. Applied Economics, 2014, 46 (6): 638 – 647.

[51] Ugo-Panizza A, C Andrea-F-Presbitero-B. Public debt and economic growth: Is there a causal effect? [J]. Journal of Macroeconomics, 2014, (41 –) .

[52] Jaejoon Woo, Kumar Manmohan-S. Public Debt and Growth [J]. Economica, 2015, 82 (328): 9 – 13.

[53] Andros Kourtellos, Stengos Thanasis, Tan Chih-Ming. The effect of public debt on growth in multiple regimes [J]. Journal of Macroeconomics, 2013, 3835 – 43.

[54] Markus Eberhardt, Presbitero Andrea-Filippo. This Time They Are Different: Heterogeneity and Nonlinearity in the Relationship Between

Debt and Growth [J]. Social Science Electronic Publishing, 2014, 13 (248): 1.

[55] Paul Krugman. Financing vs. forgiving a debt overhang [J]. Journal of Development Economics, 1988, 29 (3): 253 - 268.

[56] Philipp Heimberger. Do higher public debt levels reduce economic growth? [J]. Journal of economic surveys, 2023, 37 (4): 1061 - 1089.

[57] Markus Eberhardt, Presbitero Andrea-F. Public debt and growth: Heterogeneity and non-linearity [J]. Journal of International Economics, 2015, 97 (1): 45 - 58.

[58] Vladimir-K Teles, Cesar Mussolini Caio. Public debt and the limits of fiscal policy to increase economic growth [J]. European Economic Review, 2014, 661 - 15.

[59] Akira Kamiguchi, Tamai Toshiki. Public investment, national debt, and economic growth: The role of debt finance under dynamic inefficiency [J]. Journal of macroeconomics, 2023, 77103535.

[60] Alberto Alesina, Favero Carlo, Giavazzi Francesco. The output effect of fiscal consolidation plans [J]. Journal of International Economics, 2015, 96S19 - S42.

[61] 邓晓兰，黄显林，张旭涛. 公共债务、财政可持续性与经济增长 [J]. 财贸研究，2013 (4): 8.

[62] 李刚，冯夏琛，王璐璐. 公共债务能够促进经济增长吗? [J]. 世界经济研究，2013 (2): 6.

[63] Willi-Semmler Sr, Greiner Alfred, Kller Uwe. Debt Sustainability in the European Monetary Union: Theory and Empirical Evidence for Selected Countries [J]. Oxford Economic Papers, 2007, 59 (2): 194 - 218.

[64] Alberto-F Alesina, Ardagna Silvia. Large Changes in Fiscal Policy: Taxes Versus Spending [J]. Social Science Electronic Publishing, 2010.

[65] Alexandra Fotiou, Shen Wenyi, Yang Shu-Chun-S. The Fiscal State-Dependent Effects of Capital Income Tax Cuts [J]. Journal of Econom-

ic Dynamics and Control, 2020, 103860.

[66] 李建强，朱军，张淑翠．政府债务何去何从：中国财政整顿的逻辑与出路 [J]．管理世界，2020，36（7）：14.

[67] D-A Aschauer. Fiscal Policy and Aggregate Demand [J]. American Economic Review, 1985, 75 (1): 117 - 127.

[68] Martin Feldstein. Debt and taxes in the theory of public finance [J]. Journal of Public Economics, 1985, 28 (2): 233 - 245.

[69] Alan Sutherland. Fiscal crises and aggregate demand: can high public debt reverse the effects of fiscal policy? [J]. Journal of Public Economics, 1997, 65 (2): 147 - 162.

[70] Mukherjee, Sanchita, Bhattacharya, et al. Private Sector Consumption and Government Consumption and Debt in Advanced Economies An Empirical Study [J]. Imf Working Papers, 2010.

[71] Rina Bhattacharya. Private Sector Consumption Behavior and Non-Keynesian Effects of Fiscal Policy [J]. Imf Working Papers, 2006, 99 (112).

[72] Robert-Paul Berben, Brosens Teunis. The impact of government debt on private consumption in OECD countries [J]. Economics Letters, 2005, 94.

[73] 张东杰．公债发行对居民消费的影响——对李嘉图等价定理在中国适用性的分析 [J]．北方经济，2013（20）：2.

[74] 张爱龙．积极财政政策的效果分析 [J]．经济问题，2003，（7）：2.

[75] 彭志远．国债的总需求效应的分析 [J]．北京航空航天大学学报（社会科学版），2003.

[76] 刘金林，王春明，黄刚．优化我国政府债务管理的政策建议 [J]．管理世界，2014（1）：2.

[77] 尹恒，叶海云．政府债务挤出私人投资：国际证据 [J]．统计研究，2005.

[78] 刘成奎，王朝才．李嘉图等价定理的协整检验 [J]．经济问

题，2008（1）：4.

［79］杨东亮，陈守东．李嘉图等价定理的中国实证检验［J］．学习与探索，2009（3）：3.

［80］任会，范金．转轨时期国债发行对居民消费影响的净效应分析［J］．经济评论，2010（5）：9.

［81］李心愉，张越昕，徐子菲．政府债务对居民消费行为的影响［J］．商业研究，2013（2）：6.

［82］杨毅．李嘉图等价定理在我国的适用性分析——基于 VEC 模型的实证研究［J］．金融理论与实践，2013（8）：4.

［83］张屹山，陈默，张鹤．国债发行对居民消费影响的动态弹性分析——基于可变参数模型的实证研究［J］．吉林大学社会科学学报，2014，54（2）：7.

［84］H Ahmed, Miller Sm. Crowding-Out and Crowding-In Effects of the Components of Government Expenditure［J］. Contemporary Economic Policy, 2010, 18.

［85］Graham, M., Voss. Public and private investment in the United States and Canada［J］. Economic Modelling, 2002.

［86］尹恒．政府债务妨碍长期经济增长：国际证据［J］．统计研究，2006（1）：6.

［87］谢子远．我国国债宏观经济效应实证研究［M］．杭州：浙江大学出版社，2008.

［88］宋福铁．国债对于私人投资挤出效应的实证研究［J］．财经研究，2004，30（8）：6.

［89］杨文奇，李艳．国债挤出效应的实证分析［J］．山西财经大学学报，2005，27（3）：4.

［90］郭宏宇．我国国债对民间投资需求的影响——基于 1985～2008 年间宏观经济数据的实证研究［J］．金融理论与实践，2009（11）：4.

［91］Òscar Jordà. Estimation and Inference of Impulse Responses by Local Projections［J］. American Economic Review, 2005, 95（1）：161－182.

[92] José-Luis-Montiel Olea, Plagborg-Mller Mikkel. Local Projection Inference is Simpler and More Robust Than You Think [J]. Papers, 2020.

[93] Mikkel-Wolf-Christian-K Plagborg-Moller. Local Projections and VARs Estimate the Same Impulse Responses [J]. Econometrica, 2021, 89 (2) .

[94] Òscar Jordà, Schularick Moritz, Taylor Alan-M. Sovereigns Versus Banks: Credit, Crises, and Consequences [J]. Journal of the European Economic Association, 2016, 14 (1): 45 -79.

[95] Charles Wyplosz. Debt Sustainability Assessment: Mission Impossible [J]. Review of Economics and Institutions, 2011, 2 (3) .

[96] Gilles Dufrénot, Jawadi Fredj, Khayat Guillaume-A. A model of fiscal dominance under the "Reinhart Conjecture" [J]. Journal of Economic Dynamics and Control, 2018, 93332 -345.

[97] Nur Keyder. A Note on the Debt Sustainability Issue In Turkey [J]. Research Papers in Economics, 2003.

[98] Ignacio Lozano-Espitia, Julio-Román J-Manuel. Debt limits and fiscal space for some Latin American economies [J]. Latin American Journal of Central Banking, 2020, 1 (1): 100006.

[99] Snezana Eminidou, Geiger Martin, Zachariadis Marios. Public debt and state-dependent effects of fiscal policy in the euro area [J]. Journal of International Money and Finance, 2023, 130102746.

[100] Anthony-J Makin. Public Debt Sustainability and Its Macroeconomic Implications in ASEAN-4 [J]. ASEAN Economic Bulletin, 2005, 22284 -296.

[101] Roel Beetsma, Furtuna Oana, Giuliodori Massimo, et al. Revenue-versus spending-based fiscal consolidation announcements: Multipliers and follow-up [J]. Journal of International Economics, 2021, 131103455.

[102] Olivier Blanchard, Diamond Peter-A, Murphy Kevin-M, et al. The Cyclical Behavior of the Gross Flows of U. S. Workers [J]. Brookings Papers on Economic Activity, 1990, 285 -155.

[103] John-H Cochrane. A fiscal theory of monetary policy with partially-repaid long-term debt [J]. Review of Economic Dynamics, 2022, 451 -21.

[104] Olivier-Olivier-J Blanchard. Debt, Deficits, and Finite Horizons [J]. Journal of Political Economy, 1984, 93223 -247.

[105] Jacob-A Frenkel, Razin Assaf, Yuen Chi-Wa. Fiscal policies and growth in the world economy [A] //1992.

[106] Milesi-Ferretti Gian Maria. The financial crisis and its international transmission: some tentative lessons [J]. manuscript, 2009.

[107] Willem-H Buiter. The Fiscal Theory of the Price Level: A Critique [J]. The Economic Journal, 2002, 112 (481): 459 -480.

[108] Gabriela Castro, Félix Ricardo-M, Júlio Paulo, et al. Unpleasant debt dynamics: Can fiscal consolidations raise debt ratios? [J]. Journal of Macroeconomics, 2015, 44276 -294.

[109] Timothy Condon, Corbo Vittorio, De Melo Jaime. Exchange rate-based disinflation, wage rigidity, and capital inflows: Tradeoffs for Chile 1977—1981 [J]. Journal of Development Economics, 1990, 32 (1): 113 -131.

[110] Shyh-Wei Chen, Wu An-Chi. Is there a bubble component in government debt? New international evidence [J]. International Review of Economics & Finance, 2018, 58467 -486.

[111] James-D Hamilton, Flavin Marjorie. On the Limitations of Government Borrowing: a Framework for Empirical Testing [J]. ERN: Debt; Debt Management (Topic), 1985.

[112] Alfred Greiner, Kauermann Göran. Sustainability of US public debt: Estimating smoothing spline regressions [J]. Economic Modelling, 2007, 24 (2): 350 -364.

[113] David-W Wilcox. The Sustainability of Government Deficits: Implications of the Present-Value Borrowing Constraint [J]. Journal of Money, Credit and Banking, 1989, 21 (3): 291 -306.

[114] Alberto Caruso, Reichlin Lucrezia, Ricco Giovanni. Financial and fiscal interaction in the Euro Area crisis: This time was different [J].

European Economic Review, 2019 (119): 333 - 355.

[115] 唐文进, 苏帆, 彭元文. 财政疲劳、储备渠道与中国政府债务上限的测算 [J]. 财经研究, 2014 (10): 14.

[116] 伏润民, 王卫昆, 缪小林. 我国地方政府债务风险与可持续性规模探讨 [J]. 财贸经济, 2008 (10): 6.

[117] 马恩涛, 孔振焕. 我国地方政府债务限额管理研究 [J]. 财政研究, 2017 (5): 10.

[118] 伏润民, 缪小林, 师玉朋. 政府债务可持续性内涵与测度方法的文献综述——兼论我国地方政府债务可持续性 [J]. 经济学动态, 2012 (11): 8.

[119] 刘尚希, 石英华, 武靖州. 制度主义公共债务管理模式的失灵——基于公共风险视角的反思 [J]. 管理世界, 2017 (1): 12.

[120] 李丹, 庞晓波, 方红生. 财政空间与中国政府债务可持续性 [J]. 金融研究, 2017 (10): 17.

[121] 魏瑾瑞, 夏宁潞, 陈子昂. 老龄化、延迟退休与财政可持续性 [J]. 统计研究, 2018, 35 (10): 8.

[122] Bennett-T McCallum. Are Bond-financed Deficits Inflationary? A Ricardian Analysis [J]. Journal of Political Economy, 1984, 92 (1): 123 - 135.

[123] Scott-T Fullwiler. Interest Rates and Fiscal Sustainability [J]. Journal of Economic Issues, 2007, 41 (4): 1003 - 1042.

[124] James-D Hamilton, Flavin Marjorie-A. On the Limitations of Government Borrowing: A Framework for Empirical Testing [J]. The American Economic Review, 1986, 76 (4): 808 - 819.

[125] Willem-H Buiter, Persson Torsten, Minford Patrick. A Guide to Public Sector Debt and Deficits [J]. Economic Policy, 1985, 1 (1): 14 - 79.

[126] Evsey-D Domar. The "Burden of the Debt" and the National Income [J]. The American Economic Review, 1944, 34 (4): 798 - 827.

[127] Oya Celasun. Primary Surplus Behavior and Risks to Fiscal Sus-

tainability in Emerging Market Countries: A "Fan-Chart" Approach [A] // 2006.

[128] Nina Budina, van Wijnbergen Sweder. Quantitative Approaches to Fiscal Sustainability Analysis: A Case Study of Turkey since the Crisis of 2001 [J]. The World Bank Economic Review, 2009, 23 (1): 119 - 140.

[129] Abdul Abiad, Ostry Jonathan-D. Primary Surpluses and Sustainable Debt Levels in Emerging Market Countries [J]. IMF Policy Discussion Paper, 2005.

[130] Atish-R Ghosh, Kim Jun-I, Mendoza Enrique-G, et al. Fiscal Fatigue, Fiscal Space and Debt Sustainability in Advanced Economies [J]. The Economic Journal, 2013, 123 (566): F4 - F30.

[131] Hana Polackova. Contingent government liabilities : a hidden risk for fiscal stability [J]. Policy Research Working Paper, 1998.

[132] 高志立，陈志国，王延杰．财政风险及其构成内容的理论分析 [J]. 财政研究, 2001 (2): 5.

[133] 侯荣华，欧林宏．中国财政风险的理论思考及实证分析 [J]. 财政研究, 2003, 000 (006): 19 - 21.

[134] 马恩涛．政府或有负债控制及其风险防范研究 [J]. 财政研究, 2009 (7): 4.

[135] Reinhart Schmidt. Early warning of debt rescheduling [J]. Journal of Banking & Finance, 1984, 8 (2): 357 - 370.

[136] Alessio Ciarlone, Trebeschi Giorgio. Designing an early warning system for debt crises [J]. Emerging Markets Review, 2005, 6376 - 395.

[137] 刘星，岳中志，刘谊．地方政府债务风险预警机制研究 [M]. 北京：经济管理出版社, 2005.

[138] 缪小林，伏润民．地方政府债务风险的内涵与生成：一个文献综述及权责时空分离下的思考 [J]. 经济学家, 2013 (8): 12.

[139] 裴育，欧阳华生．地方债务风险预警程序与指标体系的构建 [J]. 当代财经, 2006 (3): 4.

[140] Kaminsky, Graciela, Lizondo, et al. Leading indicators of cur-

rency crises. [J]. IMF Staff Papers, 1998, 45 (1): 1.

[141] Marcus-D Odom, Sharda Ramesh. A neural network model for bankruptcy prediction [J]. 1990 IJCNN International Joint Conference on Neural Networks, 1990, 163 – 168.

[142] 许涤龙，何达之．财政风险指数预警系统的构建与分析[J]. 财政研究, 2007 (11): 4.

[143] Andrew Berg, Pattillo Catherine. Predicting currency crises: The indicators approach and an alternative [J]. Journal of International Money and Finance, 1999, 18 (4): 561 – 586.

[144] Matthieu Bussière, Mulder Christian. Political Instability and Economic Vulnerability [A] //1999.

[145] Olivier Blanchard, Summers Lawrence-H. Evolution Or revolution? Rethinking Macroeconomic Policy After the Great Recession [M]. 2019.

[146] Łukasz Rachel. On falling neutral real rates, fiscal policy, and the risk of secular stagnation [A] //2019.

[147] Paul Krugman. Perspectives on debt and deficits [J]. Business Economics, 2019, 54 (3): 157 – 159.

[148] Olivier Blanchard. Public Debt and Low Interest Rates [J]. The American Economic Review, 2019 (4): 109.

[149] Barry-J Eichengreen, Elganainy Asmaa-A, Esteves Rui-Pedro, et al. Public Debt Through the Ages [J]. IMF Working Papers, 2019.

[150] Olivier-J Blanchard, Summers Larry. Rethinking Stabilization Policy: Evolution or Revolution? [J]. Social Science Electronic Publishing, 2019.

[151] Pavlina-R Tcherneva. The Return of Fiscal Policy [J]. Ssrn Electronic Journal, 2008.

[152] Jason Furman, Summers Lawrence-H. Who's Afraid of Budget Deficits? How Washington should End Its Debt Obsession. [J]. Foreign Affairs, 2019 (98): 82 – 94.

[153] Olivier Blanchard, Ubide Ángel. Why Critics of a More Relaxed Attitude on Public Debt are Wrong [R]. Peterson Institute for International Economics, 2019.

[154] Cinzia Alcidi, Gros Daniel. Public debt and the risk premium: A dangerous doom loop [A] //2019.

[155] Francesca Caselli, Davoodi Hamid-R, Goncalves Carlos, et al. The Return to Fiscal Rules [R]. International Monetary Fund, 2022.

[156] Debt Vulnerabilities in IDA Countries : Policy Options for IDA19 [R]. Washington, D C: World Bank Group, 2019.

[157] A Fatas, Ghosh Atish-R, Panizza Ugo, et al. The Motives to Borrow [J]. IMF Working Papers, 2019 (101) .

[158] Global Economic Prospects, January 2015 : Having Fiscal Space and Using It [M]. 2015.

[159] Pierre Yared. Rising Government Debt: Causes and Solutions for a Decades-Old Trend [J]. Journal of Economic Perspectives, 2019, 33 (2): 115 – 140.

[160] Alan-J Auerbach, Gorodnichenko Yuriy. Measuring the Output Responses to Fiscal Policy [J]. American Economic Journal: Economic Policy, 2012, 4 (2): 1 – 27.

[161] Eric-M Leeper, Traum Nora, Walker Todd-B. Clearing Up the Fiscal Multiplier Morass [J]. American Economic Review, 2017, 107 (8): 2409 – 2454.

[162] Bertrand Candelon, Lieb Lenard. Fiscal policy in good and bad times [J]. Journal of Economic Dynamics and Control, 2013, 37 (12): 2679 – 2694.

[163] Rüdiger Bachmann, Sims Eric-R. Confidence and the transmission of government spending shocks [J]. Journal of Monetary Economics, 2012, 59 (3): 235 – 249.

[164] Ali-Mohammad Alichi, Shibata Ippei, Tanyeri Kadir. Fiscal Policy Multipliers in Small States [J]. Social Science Electronic

Publishing, 2022.

[165] Aart Kraay. How large is the Government Spending Multiplier? Evidence from World Bank Lending [J]. The Quarterly Journal of Economics, 2012, 127 (2): 829 -887.

[166] Carmen-M Reinhart, Rogoff Kenneth-S. Growth in a Time of Debt [J]. American Economic Review, 2010, 100 (2): 573 -578.

[167] Maurice Obstfeld. On Keeping Your Powder Dry: Fiscal Foundations of Financial and Price Stability [J]. Macroeconomics: Monetary & Fiscal Policies eJournal, 2013.

[168] Christina, D. , Romer, et al. Phillips Lecture-Why Some Times Are Different: Macroeconomic Policy and the Aftermath of Financial Crises [J]. Economica, 2017.

[169] Raju Huidrom, Kose M-Ayhan, Ohnsorge Franziska-L. Challenges of Fiscal Policy in Emerging and Developing Economies [J]. Emerging Markets Finance and Trade, 2018, 54 (9): 1927 -1945.

[170] Ethan-Ilzetzki A, B Enrique-G-Mendoza, C Carlos-A-Végh. How big (small?) are fiscal multipliers? [J]. Journal of Monetary Economics, 2013, 60 (2): 239 -254.

[171] Alan-J Auerbach, Gorodnichenko Yuriy. Fiscal Multipliers in Recession and Expansion [J]. NBER Chapters, 2012.

[172] Raju Huidrom, Kose M-Ayhan, Lim Jamus-J, et al. Why Do Fiscal Multipliers Depend on Fiscal Positions? [J]. Journal of Monetary Economics, 2019.

[173] Raju Huidrom, Kose M-Ayhan, Lim Jamus-Jerome, et al. Do Fiscal Multipliers Depend on Fiscal Positions? [J]. Social Science Electronic Publishing, 2016.

[174] Christiane Nickel, Tudyka Andreas. Fiscal Stimulus in Times of High Debt: Reconsidering Multipliers and Twin Deficits [J]. Journal of Money Credit & Banking, 2014, 46 (7): 1313 -1344.

[175] Maurice Obstfeld. On Keeping Your Powder Dry: Fiscal Founda-

tions of Financial and Price Stability [J]. Macroeconomics: Monetary & Fiscal Policies eJournal, 2013.

[176] Xavier, Debrun, Tidiane, et al. That Squeezing Feeling: The Interest Burden and Public Debt Stabilization [J]. International Finance, 2016.

[177] Jaejoon Woo, Kumar Manmohan-S. Public Debt and Growth [J]. IMF Working Papers, 2010 (174).

[178] Fiscal Monitor: Capitalizing on Good Times [R]. Washington, D. C.: International Monetary Fund, 2018.

[179] Ugo Panizza, Presbitero Andrea-F. Public debt and economic growth: Is there a causal effect? [J]. Journal of Macroeconomics, 2014, 4121-41.

[180] Paul Krugman. A Model of Balance-of-Payments Crises [J]. Journal of Money, Credit and Banking, 1979, 11 (3): 311-325.

[181] Maurice Obstfeld, Rogoff Kenneth. Ruling out divergent speculative bubbles [J]. Journal of Monetary Economics, 1986, 17 (3): 349-362.

[182] Roberto Chang, Velasco Andrés. Financial Fragility and the Exchange Rate Regime [J]. Journal of Economic Theory, 2000, 92 (1): 1-34.

[183] Paul Krugman. Balance Sheets, the Transfer Problem, and Financial Crises [J]. International Tax and Public Finance, 1999, 6 (4): 459-472.

[184] Martin Bruns, Poghosyan Tigran. Leading indicators of fiscal distress: evidence from extreme bounds analysis [J]. Applied Economics, 2018, 50 (13): 1454-1478.

[185] Roberto Savona, Vezzoli Marika. Fitting and Forecasting Sovereign Defaults Using Multiple Risk Signals [J]. Econometrics: Mathematical Methods & Programming e Journal, 2011.

[186] Svetlana Cerovic, Gerling Kerstin, Hodge Andrew, et al. Predicting Fiscal Crises [J]. IMF Working Papers, 2018 (181).

[187] Stéphanie Pamies, Berti Katia. A Complementary Tool to Monitor Fiscal Stress in European Economies [R]. Directorate General Economic and Financial Affairs-European Commission, 2017.

[188] Carmen-M Reinhart, Rogoff Kenneth-S. From Financial Crash to Debt Crisis [J]. American Economic Review, 2011, 101 (5): 1676 - 1706.

[189] Marialuz Moreno Badia, Medas Paulo, Gupta Pranav, et al. Debt is not free [J]. Journal of International Money and Finance, 2022, 127102654.

[190] Luc Laeven, Valencia Fabian. Systemic Banking Crises Database II [J]. IMF Economic Review, 2020, 68 (2): 307 - 361.

[191] Emanuele Baldacci, Petrova Ivanka, Belhocine Nazim, et al. Assessing Fiscal Stress [J]. Institutions & Transition Economics: Macroeconomic Issues e Journal, 2011.

[192] Douglas-W Diamond, Dybvig Philip-H. Bank Runs, Deposit Insurance, and Liquidity [J]. Journal of Political Economy, 1983, 91.

[193] Nicola, Gennaioli, Stefano, et al. Sovereign Default, Domestic Banks, and Financial Institutions [J]. Journal of Finance, 2014.

[194] António Afonso, Jalles João-Tovar. Economic performance, government size, and institutional quality [J]. Empirica, 2016, 43 (1): 83 - 109.

[195] Luca Agnello, Castro Vitor, Tovar Jalles João, et al. Fiscal adjustments, labour market flexibility and unemployment [J]. Economics Letters, 2014, 124 (2): 231 - 235.

[196] Alberto Alesina, Campante Filipe-R, Tabellini Guido. Why is Fiscal Policy Often Procyclical? [J]. Journal of the European Economic Association, 2008, 6 (5): 1006 - 1036.

[197] Derek Anderson, Hunt Benjamin, Snudden Stephen. Fiscal consolidation in the euro area: How much pain can structural reforms ease? [J]. Journal of Policy Modeling, 2014, 36 (5): 785 - 799.

[198] Francesco Giavazzi, Jappelli Tullio, Pagano Marco. Searching

for non-linear effects of fiscal policy: Evidence from industrial and developing countries [J]. European Economic Review, 2000, 44 (7): 1259 - 1289.

[199] Roberto Perotti. Fiscal Policy in Good Times and Bad [J]. The Quarterly Journal of Economics, 1999, 114 (4): 1399 - 1436.

[200] Salvador Barrios, Langedijk Sven, Pench Lucio-R. EU Fiscal Consolidation after the Financial Crisis Lessons from Past Experiences [J]. European Economics: Political Economy & Public Economics e Journal, 2010.

[201] Luca Agnello, Castro Vítor, Sousa Ricardo-M. A competing risks tale on successful and unsuccessful fiscal consolidations [J]. Journal of International Financial Markets, Institutions and Money, 2019, 63101148.

[202] Luca Agnello, Castro Vitor, Jalles João-Tovar, et al. Fiscal consolidation and financial reforms [J]. Applied Economics, 2015, 47 (34 - 35): 3740 - 3755.

[203] Luca Agnello, Castro Vitor, Sousa Ricardo-M. What determines the duration of a fiscal consolidation program? [J]. Journal of International Money and Finance, 2013, 37113 - 134.

[204] Luca Agnello, Fazio Giorgio, Sousa Ricardo-M. National fiscal consolidations and regional inequality in Europe [J]. Cambridge Journal of Regions, Economy and Society, 2016, 9 (1): 59 - 80.

[205] Gianluca Cafiso, Cellini Roberto. Fiscal consolidations and public debt in Europe [J]. International Tax and Public Finance, 2014, 21 (4): 614 - 644.

[206] Jacopo Cimadomo. Fiscal Policy in Real Time [J]. The Scandinavian Journal of Economics, 2012, 114 (2): 440 - 465.

[207] Markus Kirchner, Cimadomo Jacopo, Hauptmeier Sebastian. Transmission of Government Spending Shocks in the Euro Area: Time Variation and Driving Forces [J]. Public Economics: National Government Expenditures & Related Policies e Journal, 2010.

[208] Philippe Rother, Cugnasca Alessandro. Fiscal multipliers during consolidation: evidence from the European Union [A] //2015.

[209] Ismael Sanz. What Do OECD Countries Cut First When Faced with Fiscal Adjustments [J]. Southern Economic Journal, 2011, 77753 - 775.

[210] Alberto-F Alesina, Perotti Roberto. Economic Risk and Political Risk in Fiscal Unions [J]. Public Economics: Fiscal Policies & Behavior of Economic Agents e Journal, 1995.

[211] Alberto Alesina, Perotti Roberto. Fiscal Adjustments in OECD Countries: Composition and Macroeconomic Effects [J]. Staff Papers (International Monetary Fund), 1997, 44 (2): 210 - 248.

[212] Alberto Alesina, Perotti Roberto, Giavazzi Francesco, et al. Fiscal Expansions and Adjustments in OECD Countries [J]. Economic Policy, 1995, 10 (21): 207 - 248.

[213] C-John McDermott, Wescott Robert-F. An Empirical Analysis of Fiscal Adjustments [J]. Staff Papers, 1996, 43 (4): 725 - 753.

[214] Theodoros-S Papaspyrou. Economic Policy in EMU: Community Framework and National Strategies - focus on Greece [J]. LSE Research Online Documents on Economics, 2007.

[215] Alberto-F Alesina, Barbiero Omar, Favero Carlo-A, et al. Austerity in 2009—2013 [J]. ERN: Fiscal Policy (European Economics) (Topic), 2015.

[216] Alberto Alesina, Favero Carlo, Giavazzi Francesco. The output effect of fiscal consolidation plans [J]. Journal of International Economics, 2015, 96S19 - S42.

[217] Silvia Ardagna. Fiscal stabilizations: When do they work and why [J]. European Economic Review, 2004, 48 (5): 1047 - 1074.

[218] Jaime Guajardo, Leigh Daniel, Pescatori Andrea. Expansionary Austerity? International Evidence [J]. Journal of the European Economic Association, 2014, 12 (4): 949 - 968.

[219] Ioanna Bardaka, Bournakis Ioannis, Kaplanoglou Georgia. Total factor productivity (TFP) and fiscal consolidation: How harmful is austerity?

[J]. Economic Modelling, 2021, 94908 -922.

[220] Vítor Castro. The impact of fiscal consolidations on the functional components of government expenditures [J]. Economic Modelling, 2017, 60138 -150.

[221] Luca Agnello, Sousa Ricardo-M. How Does Fiscal Consolidation Impact on Income Inequality? [J]. PSN: Income Inequality (Topic), 2012.

[222] 翟凡，冯珊，李善同．一个中国经济的可计算一般均衡模型 [J]. 数量经济技术经济研究，1997 (3): 7.

[223] 李善同，翟凡．加入 WTO 对我国对外贸易的影响 [J]. 经济导刊，1998 (6): 42 -45.

[224] 李善同，侯永志．中国大陆：划分 8 大社会经济区域 [J]. 产经评论，2003, 000 (005): 12 -15.

[225] 黄干，马成．“4 万亿”的经济效应与财政投资结构优化——基于 CGE 建模的分析 [J]. 经济学家，2012 (10): 10.

附　　录

附录1　金融危机与财政危机事件库

经济体	银行危机	货币危机	主权债务危机	财政压力危机
阿尔巴尼亚	1994	1997	1990	1991，1998
阿尔及利亚	1990	1988，1994		1991
阿根廷	1980，1989，1995，2001	1975，1981，1987，2002，2013，2018	1982，2001，2014	1982，1998，2000
阿曼				
阿塞拜疆	1995	2015		
埃及	1980	1979，1990，2016	1984	1978
爱尔兰	2008			1974，1976，2008
爱沙尼亚				
安哥拉		1991，1996，2015，2018	1988	
奥地利	2008			
澳大利亚				1986，1989，2008

续表

经济体	银行危机	货币危机	主权债务危机	财政压力危机
巴基斯坦		1972		1980，1988，1994，1997，2001，2008
巴拉圭	1995	1984，1989，2002	1982	
巴西	1990，1994	1976，1982，1987，1992，1999，2015	1983	1983，1998，2001
白俄罗斯	1995	1997，2009，2015		
保加利亚	1996	1996	1990	1990，1997，2009
比利时	2008			
波黑	1992			1992，2009
波兰	1992		1981	1981，2001，2009
博茨瓦纳		1984		
丹麦	2008			1982
德国	2008			1974
多米尼加共和国	2003	1985，1990，2003	1982，2003	1975，2003，2005，2009
俄罗斯	1998，2008	1998，2014	1998	1991，2009
厄瓜多尔	1982，1998	1982，1999	1982，1999，2008	1982，1999，2005
法国	2008			1970，1974
芬兰	1991	1993		1990，1992
哥伦比亚	1982，1998	1985		1999，2003，2009
哥斯达黎加	1987，1994	1981，1991	1981	1980，2009
哈萨克斯坦	2008	1999，2015		1993，1996
韩国	1997	1998		1974，1983，1997

续表

经济体	银行危机	货币危机	主权债务危机	财政压力危机
荷兰	2008			
加拿大				1990
捷克				
科威特	1982			
克罗地亚	1998			1992
拉脱维亚				2008
黎巴嫩	1990	1984，1990		
立陶宛				1994，2009
利比亚		2002		
罗马尼亚	1998	1996	1982	1981，1986，2008
马来西亚	1997	1998		1998，2009
美国	1988，2007			
秘鲁	1983	1976，1981，1988	1978	1976，1978，1982
摩洛哥	1980	1981	1983	1980，1986
墨西哥	1981，1994	1977，1982，1995	1982	1977，1982，1995，1999，2009
纳米比亚		1984，2015		
南非		1984，2015	1985	1985，1989，1993
挪威	1991			1986
葡萄牙	2008	1983		1983，2008，2010
日本	1997			1974，2009
瑞典	1991，2008	1993		1990

续表

经济体	银行危机	货币危机	主权债务危机	财政压力危机
瑞士	2008			2008
萨尔瓦多	1989	1986		1981，2009
塞尔维亚		2000		1983
沙特阿拉伯				
斯里兰卡	1989	1978		1979，1991，1993，2003，2009
斯洛伐克共和国				
斯洛文尼亚				
泰国	1983，1997	1998		1981，1985，1997
特立尼达和多巴哥		1986	1989	
突尼斯	1991			1988
土耳其	1982，2000	1978，1984，1991，1996，2001，2018	1978	1978，1982，1999，2002，2005
危地马拉		1986		1983，1986，1989，2009
委内瑞拉	1994	1984，1989，1994，2002，2010	1982，2017	1983，2008，2010
乌克兰	1998，2008，2014	1998，2009，2014	1998，2015	1992，1998，2008，2010
乌拉圭	1981，2002	1972，1983，1990，2002	1983，2002	1983，1987，1990，2002，2005
西班牙	1977，2008	1983		2010
希腊	2008	1983	2012	1993，2008

续表

经济体	银行危机	货币危机	主权债务危机	财政压力危机
中国香港				
新加坡				
新西兰		1981		1985, 2008
匈牙利	1991, 2008			1982, 1991, 2008
叙利亚		1988		
牙买加	1996	1978, 1983, 1991	1978, 2010	1977, 1981, 2010
伊拉克				
伊朗		1985, 1993, 2000, 2013	1992	
以色列	1983	1975, 1980, 1985		1974, 1978, 1982
意大利	2008	1981		1974, 2008
印度	1993			1972, 1981, 1989
印度尼西亚	1997	1979, 1998	1999	1997, 2002
英国	2007			1970, 1974
约旦	1989	1989	1989	1989, 1996
智利	1976, 1981	1972, 1982	1983	1972, 1974, 1983
中国	1998			

附录2 中国财政可计算一般均衡（CGE）模型的数学公式描述

（1）生产模块：

$$QA_a = a_a^q \left[\delta_a^q QVA_a^{\rho_a} + (1-\delta_a^q) QINTA_a^{\rho_a} \right]^{\frac{1}{\rho_a}}$$

$$\frac{PVA_a}{PINTA_a} = \frac{\delta_a^q}{(1-\delta_a^q)} \left(\frac{QINTA_a}{QVA_a} \right)^{1-\rho_a}$$

$$PA_a \cdot QA_a \cdot (1 - tb_a - tq_a) = PVA_a \cdot QVA_a + PINTA_a \cdot QINTA_a$$

$$QINT_{ca} = ica_{c,a} \cdot QINTA_a$$

$$PINTA_a = \sum_{c \in C} ica_{c,a} \cdot PQ_c$$

$$QVA_a = a_a^{va} \left[\delta_a^{va} QLD_a^{\rho_a^{va}} + (1-\delta_a^{va}) QKD_a^{\rho_a^{va}} \right]^{\frac{1}{\rho_a^{va}}}$$

$$\frac{WL}{WK_a} = \frac{\delta_a^{va}}{(1-\delta_a^{va})} \left(\frac{QKD_a}{QLD_a} \right)^{1-\rho_a^{va}}$$

$$PVA_a \cdot QVA_a = (1 + tva_a \cdot leiv_a) \cdot (WL \cdot QLD_a + WK_a \cdot QKD_a)$$

$$QKD_a = a_a^{kd} \left[\delta_a^{kd} QKHD_a^{\rho_a^{kd}} + (1-\delta_a^{kd}) QKGD_a^{\rho_a^{kd}} \right]^{\frac{1}{\rho_a^{kd}}}$$

$$\frac{WKH}{WKG} = \frac{\delta_a^{kd}}{(1-\delta_a^{kd})} \left(\frac{QKGD_a}{QKHD_a} \right)^{1-\rho_a^{kd}}$$

$$WK_a \cdot QKD_a = WKH \cdot QKHD_a + WKG \cdot QKGD_a$$

（2）对外贸易模块：

$$QA_a = a_a^t \left[\delta_a^t QDA_a^{\rho_a^t} + (1-\delta) QE_a^{\rho_a^t} \right]^{\frac{1}{\rho_a^t}}$$

$$\frac{PDA_a}{PE_a} = \frac{\delta_a^t}{(1-\delta_a^t)} \left(\frac{QE_a}{QDA_a} \right)^{1-\rho_a^t}$$

$$PA_a \cdot QA_a = PDA_a \cdot QDA_a + PE_a \cdot QE_a$$

$$PE_a = pwe_a \cdot EXR$$

$$QQ_c = a_c^q \left[\delta_c^q QDC_c^{\rho_c^q} + (1 - \delta_c^q) QM_c^{\rho_c^q} \right]^{\frac{1}{\rho_c^q}}$$

$$\frac{PDC_c}{PM_c} = \frac{\delta_c^q}{(1 - \delta_c^q)} \left(\frac{QM_c}{QDC_c} \right)^{1-\rho_c^q}$$

$$PQ_c \cdot QQ_c = PDC_c \cdot QDC_c + PM_c \cdot QM_c$$

$$PM_c = pwm_c (1 + tm_c) EXR$$

$$QDC_c = \sum_a IDENT_{ac} \cdot QDA_a$$

$$PDC_c = \sum_a IDENT_{ac} \cdot PDA_a$$

（3）家庭、企业和政府的收支平衡模块：

$$YH = WL \cdot QLS + shif_{h,k} \cdot WKH \cdot QKHS + transfr_{h,g} + transfr_{h,sif}$$

$$YH = HTAX + SIP + \sum_a PQ_c \cdot QH_c + Def + HSAV$$

$$HTAX = ti_h \cdot (WL \cdot QLS + shif_{h,k} \cdot WKH \cdot QKHS)$$

$$SIP = tsi_h \cdot (WL \cdot QLS + shif_{h,k} \cdot WKH \cdot QKHS)$$

$$PQ_c \cdot QH_c = shrh_c \cdot mpc \cdot (YH - HTAX - SIP)$$

$$YENT = shif_{ent,k} \cdot WKH \cdot QKHS + transfr_{ent,g}$$

$$ENTSAV = (1 - ti_{ent}) \cdot YENT$$

$$YG = \sum_a (tva_a \cdot leiv_a) \cdot (WL \cdot QLD_a + WK_a \cdot QKD_a) + HTAX + ti_{ent} \cdot YENT + \sum_c tm_c \cdot pwm_c \cdot QM_c \cdot EXR + \sum_a tb_a \cdot PA_a \cdot QA_a + \sum_a tq_a \cdot PA_a \cdot QA_a + transfr_{g,gf}$$

$$EG = \sum_c PQ_c \cdot QG_c + transfr_{h,g} + transfr_{ent,g}$$

$$TG = transfr_{sifg} + transfr_{ssfg}$$

$$PQ_c \cdot QG_c = shrg_c (EG - transfr_{hg} - transfr_{ent,g})$$

$$transfr_{sif,g} = shif_{sif,g} \cdot TG$$

$$transfr_{ssf,g} = shif_{ssf,g} \cdot TG$$

$$EG + TG - YG = Def$$

$$shif_{gf,k} \cdot WKG \cdot QKGS = transfr_{g,gf} + GFSAV$$

$$shif_{ge,k} \cdot WKG \cdot QKGS = transfr_{ssf,ge} + GESAV$$

$$transfr_{ssf,ge} = shif_{ssf,ge} \cdot shif_{ge,k} \cdot WKG \cdot QKGS$$

$$shif_{sif,k} \cdot WKG \cdot QKGS + SIP + transfr_{sif,g} = transfr_{h,sif} + SIFSAV$$

$$shif_{ssf,k} \cdot WKG \cdot QKGS + transfr_{ssf,g} + transfr_{ssf,ge} = SSFSAV$$

（4）宏观闭合：

$$QQ_c = \sum_a QINT_{ca} + \sum_h QH_c + QINVH_c + QINVG_c + QG_c$$

$$\sum_a QLD_a = QLS + WALRAS$$

$$\sum_a QKHD_a = QKHS$$

$$\sum_a QKGD_a = QKGS$$

$$PRIINV = HSAV + shif_{sif,pri} \cdot SIFSAV + shif_{ssf,pri} \cdot SSFSAV + ENTSAV + EXR \cdot FSAV$$

$$PRGINV = GFSAV + GESAV + shif_{sif,pub} \cdot SIFSAV + shif_{ssf,pub} \cdot SSFSAV$$

$$EINVH = \sum_c PQ_c \cdot QINVH_c$$

$$EINVG = \sum_c PQ_c \cdot QINVG_c$$

$$PRIINV + PRGINV = EINVH + EINVG$$

$$\sum_c pwm_c \cdot QM_c = \sum_a pwe_a QE_a + FSAV$$

（5）动态递归模块：

$$QLD_{a,t+1} = QLD_{a,t} \cdot (1 + \varepsilon_t^{pop})$$

$$\Delta QKHD_{a,t} = \frac{\varepsilon_{a,t}^{cap} \cdot EINVH}{WKH_t}$$

$$\Delta QKGD_{a,t} = \frac{\varepsilon_{a,t}^{cap} \cdot EINVG}{WKG_t}$$

$$QKHD_{a,t+1} = QKHD_{a,t} \cdot (1 - \mu) + \Delta QKHD_{a,t}$$

$$QKGD_{a,t+1} = QKGD_{a,t} \cdot (1 - \mu) + \Delta QKGD_{a,t}$$

$$transfr_{hsif,t+1} = \varepsilon_t^{SIF} \cdot \frac{SIP_t}{SIP_0} \cdot transfr_{hsif,t}$$